改訂

戸籍のための **Q & A**

「死亡届」の すべて

届書の記載の仕方及びその解説

荒木文明・菅 弘美 著

根村良和 補訂

日本加除出版

改訂版 は し が き

　本書が刊行されてから，11年余りが経過しましたが，この間，法務局職員並びに市区町村の戸籍事務担当者を始めとして，多くの方々にご利用いただいていることに，心より感謝申し上げます。

　最近の死亡の届出件数については，戸籍に関する総届出件数388万7,893件の41.3パーセントに当たる160万5,945件を占めており，本書の刊行当時の統計（平成23年度）と比較すると，その届出件数は，31万1,452件の増加となっています（法務省の統計・「戸籍」1033号78頁以下参照）。これは，我が国における長寿・高齢化を反映してその死亡件数が増加しているものと考えられます。

　現在，戸籍事務を取り扱うすべての市区町村において，コンピュータシステム（戸籍情報システム）による事務処理が行われていますが，当初の同システムの導入目的は，年々増加する戸籍事件の事務処理の効率化のほか，戸籍が日本国民の身分関係（個人情報として秘匿性の高い情報）を登録・公証する制度であることを踏まえて，当該戸籍情報の適正（閉鎖的）な管理の実現を主眼としていました。しかし，最近では，地方行政のデジタル化，情報の一元化や活用等を目的として，民法を始め戸籍法や戸籍法施行規則の一部改正が繰り返し行われています。

　これに関連すると思われる法改正等としては，「行政手続における特定の個人を識別するための番号の利用等に関する法律」（平成25年法律第27号）等の改正に伴う戸籍法施行規則等の一部を改正する省令（平成27年法務省令第51号）により，戸籍の謄抄本等の交付請求における本人確認に個人番号カードが利用されるようになったこと，「デジタル社会の形成を図るための関係法律の整備に関する法律」（令和3年法律第37号）による戸籍法施行規則の一部を改正する省令（令和3年法務省令第40号）により，各種届書等への押印義務は廃止されましたが，届出人の意向により任意に押印することは可能とされたことなどがあります。

　また，「地域の自主性及び自立性を高めるための改革の推進を図るための関係法律の整備に関する法律」（平成23年法律第37号）に関連する戸籍法の一部

を改正する法律（令和元年法律第17号）で一部改正された未施行の条項の更なる一部改正（令和5年法律第58号）のほか，戸籍法施行規則の一部を改正する省令（令和6年法務省令第5号）による改正がされ，法務大臣と市区町村長との戸籍情報連携システムが構築されたことにより，市区町村間での届書の送付等が基本的になくなるとともに，副本や不受理申出等の情報の管理や保存並びに当該情報を活用した戸籍証明書等による情報提供が可能になっています。そして，オンラインシステムによる戸籍事務の取扱いについても，今後拡大していくものと思われます。なお，令和元年法律第17号の改正において，死亡届の届出人に「任意後見受任者」が加えられています。

　さらに，「行政手続における特定の個人を識別するための番号の利用等に関する法律等の一部を改正する法律」（令和5年法律第48号）による戸籍法の一部改正により，戸籍の記載事項として「氏名の振り仮名」が追加されています。同改正は，令和7年5月26日に施行されることになっていますので，今後の動向にご留意ください。

　本書においては，前述の令和元年の戸籍法の一部改正及び令和6年の戸籍法施行規則の一部改正を踏まえて，基本的な事例を追加し，その解説を試みていますが，多少なりともお役に立てるところがあれば，望外の幸せです。

　最後に，本書の刊行に当たり，日本加除出版株式会社常任顧問・青木　惺氏（元千葉地方法務局長）に多大なるご指導をいただいたことに深く感謝申し上げる次第です。

　　令和7年1月

　　　　　　　　　　　　　　　　　補訂者　根　村　良　和

初版 はしがき

　本書は，平成20年1月に刊行した『戸籍のためのQ&A「出生届」のすべて』，平成21年3月に刊行した「婚姻届」編，そして平成22年8月に刊行した「離婚届」編に続く「死亡届」編になります。

　死亡の届出件数は，最近の統計によれば，総届出件数（平成23年度・436万9,773件）の29.6パーセント（129万4,493件）を占めております。この死亡の届出件数は，総届出件数の第一位で，第二位の出生の届出件数（107万7,867件・総届出件数の24.6パーセント）を21万6,626件上回っております（法務省の統計・「戸籍」879号31頁以下参照）。これは，近年におけるわが国の長寿，高齢化を反映して，高齢者の死亡件数が増加の一因と考えられております。

　死亡の届出においては，事件本人が特定され，死亡の事実を証する死亡診断書又は死体検案書が添付された上で，届出義務者又は届出資格者からの届出がされている場合は，さほど問題となることは生じないと考えられます。

　しかし，それ以外の水難，火災その他の事変によって死亡した者がある場合等における死亡報告あるいは死亡の届出においては，困難な問題が生じます。記憶に新しい先の東日本における地震及び津波等による大災害は，自然災害等とはいえあまりにも大きな災害であり，この災害によって大切な人命が多く失われたことは想像を絶するもので誠に痛ましい限りです。しかし，このような状況においても，戸籍の処理上は，最終的に市区町村長に死亡の届出等がされることになります。その場合における届出をされる方々の心情，その届出の処理を担当する市区町村の職員の方々のことを思うと，それが手続的なこと，あるいは職務上の取扱いであると考えてみても，心理的には大きな負担があるものと思わざるを得ません。

　本書の主たる目的は，死亡の届書の様式に沿って，届書の各欄にどのように記載して届出すれば良いかについて，届出をされる方々の立場にたって解説をしようとするものです。解説に当たっては，死亡の届出は，人の権利能力の終期を戸籍に登録し，それを公証するものであることから，問題のある事案については，戸籍実務の先例において，その多くが示されております。特に，死亡日時については特に重要とされることから事例も多く，また，事変に遭遇し，行方不明となった方々の取扱いについても，その重大さ等から

多くの先例が示されております。

　これらの事例については，事実上の問題であることから，設問の解説は，当然のことながらこれらの先例に沿ってすることとしました。

　また，死亡の届出は，前記のとおり事件数が多いことから，市区町村における事務の負担量も多くなることになります。さらに，死亡の届出は，市区町村役場内における他事務との関連も多いため，担当職員の負担も相当のものがあると考えられます。本書は，死亡の届出について，適正迅速な処理を行う上での一助となり，担当される職員の方々の負担軽減になればと考え，設問の数を多くし，更に〔注〕や〔参考先例〕，〔参考文献〕を掲げることとしました。それらのことによって，本書が死亡の届出をされる方々や戸籍事務に携わっておられる方々のために多少なりともお役に立てるところがあれば，望外の幸せであります。

　本書は，以上のような点に配慮しましたが，何分にも筆者が非力であるため，思わぬ誤りをおかしていることがあるのではないかと危惧しております。そのことについては，読者の方々のご叱正やご意見をいただき，今後さらに充実を期して参りたいと考えております。

　また，本書の題名を「Q&A死亡届のすべて」としましたが，まだまだ付け加えるべき事項があると思われ，「すべて」というには程遠いものがあると考えております。本書は，先に述べたように届書の各欄の記載をどのようにすれば良いかを主眼としておりますので，この点についてご理解をいただくとともに，さらにご理解を深めていただく上から，多くの参考文献を掲げ引用させていただいております。ここに諸先生の方々に対し衷心より敬意を表するものであります。

　おわりに，本書の構成・内容等につきましては，日本加除出版株式会社常任顧問の木村三男先生（元大津地方法務局長）に適切なご指導をいただきました。

　ここに記して，心から感謝を申し上げます。

　　平成25年9月

　　　　　　　　　　　　　　　　　　荒　木　文　明
　　　　　　　　　　　　　　　　　　菅　　　弘　美

【凡　例】

法令，先例等は次のように略記しました。

民 ················· 民法

戸 ················· 戸籍法

戸規 ··············· 戸籍法施行規則

家事法 ············· 家事事件手続法

家事規 ············· 家事事件手続規則

法定記載例 ········· 戸籍法施行規則附録第 7 号（戸規33条関係）

参考記載例 ········· 令和 6 年 2 月26日法務省民一第510号民事局長通達

標準準則 ··········· 戸籍事務取扱準則制定標準（令和 6 年 2 月26日法務省民一第502号民事局長通達）

明治31. 9. 24民刑1160号回答 ·········· 明治31年 9 月24日民刑第1160号民刑局長回答

大正5. 2. 3民1833号回答 ·············· 大正 5 年 2 月 3 日民第1833号法務局長回答

昭和28. 10. 31民事甲2028号回答 ······ 昭和28年10月31日民事甲第2028号民事局長回答

昭和29. 2. 23民事甲291号通達 ········· 昭和29年 2 月23日民事甲第291号民事局長通達

昭和51. 5. 31民二3233号通達 ·········· 昭和51年 5 月31日法務省民二第3233号民事局長通達

平成22. 5. 6民一1080号通達 ·········· 平成22年 5 月 6 日法務省民一第1080号民事局長通達

平成23. 4. 19民一1002号回答 ·········· 平成23年 4 月19日法務省民一第1002号民事局民事第一課長回答

昭和38. 7. 18〜19島根県戸協決議 ···· 昭和38年 7 月18日〜19日島根県戸籍住民登録事務協議会決議

昭和32. 6. 14岡山管内戸協決議 ········ 昭和32年 6 月14日岡山地方法務局管内戸籍事務協議会決議

※　**本書中の「戸籍の記載」の表現について**

　本書においては，戸籍の事務処理を「戸籍の記載」と表現していますが，これは紙戸籍への記入を前提としたものであり，これに対応する戸籍情報システムによる事務処理においては，「戸籍の記録」と表現されるものであることにご留意ください。

【参考文献】

「全訂戸籍法」	青木義人・大森政輔著「全訂戸籍法」
「最新体系・戸籍用語事典」	髙妻新著「最新体系・戸籍用語事典」
「詳解処理基準としての戸籍基本先例解説」	木村三男・竹澤雅二郎著「詳解処理基準としての戸籍基本先例解説」
「全訂戸籍届書の審査と受理」	木村三男・神崎輝明著「全訂戸籍届書の審査と受理」
「改訂設題解説戸籍実務の処理Ⅰ」	木村三男著「改訂設題解説戸籍実務の処理Ⅰ総論編」
「改訂設題解説戸籍実務の処理Ⅱ」	木村三男・竹澤雅二郎著「改訂設題解説戸籍実務の処理Ⅱ戸籍の記載・届出（通則）編」
「改訂設題解説戸籍実務の処理Ⅶ」	竹澤雅二郎著「改訂設題解説戸籍実務の処理Ⅶ死亡・失踪・復氏・姻族関係終了・推定相続人廃除編」
「改訂設題解説戸籍実務の処理ⅩⅩⅠ」	神崎輝明著「改訂設題解説戸籍実務の処理ⅩⅩⅠ追完編」
「改訂設題解説渉外戸籍実務の処理Ⅶ」	渉外戸籍実務研究会著「改訂設題解説渉外戸籍実務の処理Ⅶ親権・後見・死亡・国籍の得喪・氏の変更等編」
「初任者のための戸籍実務の手引き（改訂新版第六訂）」	戸籍実務研究会編「初任者のための戸籍実務の手引き」（改訂新版第六訂）
「改訂第2版注解コンピュータ記載例対照戸籍記載例集」	木村三男監修，日本加除出版㈱・（一財）民事法務協会共著「改訂第2版注解コンピュータ記載例対照戸籍記載例集」
「全訂Q&A渉外戸籍と国際私法」	南敏文編著「全訂Q&A渉外戸籍と国際私法」
「改訂はじめての戸籍法」	南敏文編著「改訂はじめての戸籍法」
「はじめての渉外戸籍」	南敏文編著「はじめての渉外戸籍」
「戸籍における高齢者消除の実務」	木村三男・竹澤雅二郎著「戸籍における高齢者消除の実務」
「滅失戸籍再製の実務」	木村三男・竹澤雅二郎著「滅失戸籍再製の実務」
「新版Q&A戸籍公開の実務」	斉藤忠男著「新版Q&A戸籍公開の実務」
「補訂第3版注解戸籍届書「その他」欄の記載」	大関喜和監修，島田英次著・大熊等・荒木文明補訂「補訂第3版注解戸籍届書「その他」欄の記載」
「Q&A出生届のすべて」	荒木文明著「戸籍のためのQ&A「出生届」のすべて」

「初任者のための戸籍実務用語ハンドブック」	髙妻新監修，鈴木敬爾編集代表「初任者のための戸籍実務用語ハンドブック」
「戸籍実務用語ハンドブック」	田中寿径著「戸籍実務用語ハンドブック戸籍情報連携対応版」
「戸籍法施行規則解説①」	戸籍法研究会編「戸籍法施行規則解説①」
「戸籍法施行規則解説⑤」	戸籍法研究会編「戸籍法施行規則解説⑤」
「死亡認定事務取扱規程」	(昭和28年7月7日海上保安庁通達第17号)
「戸籍時報」	月刊誌「戸籍時報」（日本加除出版）
「戸籍」	月刊誌「戸籍」（テイハン）

目　次　ix

目　次

第1　死亡一般

Q 1　戸籍法の死亡の届出には，どのような意義がありますか。……1

Q 2　出生の届出がされていない者について，死亡の届出がされた場合は，どのように取り扱うことになりますか。…………2

Q 3　非本籍地の市区町村長が受理した出生の届出について，法務大臣から通知される前に，当該出生子の死亡の届出が本籍地の市区町村長に届出された場合，どのように処理しますか。………………………………………………4

Q 4　出生の届出前に死亡した子について，名未定のまま出生の届出と死亡の届出が同時にされた場合，どのように処理しますか。後日，子の名が決まった場合はどのようになりますか。……………………………………………5

Q 5　死亡の届出がされた者について，既に失踪宣告の届出により戸籍の記載がされている場合，死亡の届出はどのように取り扱うことになりますか。………………………6

Q 6　非本籍地の市区町村長が受理した死亡の届出について，本籍地の市区町村長から該当者がいないとして連絡があり，届出人に通知したところ本籍不明の旨の申出がされました。その後，本籍が明らかになった場合，当該届出をどのように取り扱うことになりますか。………………6

Q 7　「同時死亡の推定」とは，どのようなことですか。…………7

Q 8　「同時死亡」と推定された場合，相続はどのようになりますか。…………………………………………8

Q 9　夫婦が同時に死亡した場合の婚姻解消事項の記載は，どのようにすべきですか。……………………9

x 目 次

第2 死亡の届出

1 届出人

(1) 届出義務者

Q 10 死亡した者がいる場合に，その者の死亡の届出をしなければならない届出人は，どのように定められていますか。……10

Q 11 死亡届の届出義務者とされている者は，だれが先に届出をしてもよいのですか。………………………………………11

Q 12 死亡届の届出義務の順序が後になっている者が届出したときは，順序が先の者の届出義務は免れるのですか。………11

Q 13 死亡届の届出義務者が届出をしないときは，だれが届出をすることになりますか。……………………………………12

Q 14 遠隔の地に居住する者が，生家に帰郷中に死亡した場合の届出義務者はだれになりますか。………………………13

Q 15 同居していない親族は，死亡届の届出義務者になりますか。……………………………………………………………13

Q 16 同居の親族の資格で死亡の届出をした場合，届出人と事件本人（死亡した者）の同居の有無を何によって証明することになりますか。……………………………………………14

(2) 届出資格者

Q 17 死亡した者と離れて住んでいる親族の者に届出義務がありますか。………………………………………………………14

Q 18 外国に居住する日本人が死亡した場合，日本国内にいる親族の者に死亡の届出義務がありますか。…………………15

Q 19 外国に居住している元日本人が死亡したとき，日本国内にいる親族の者が死亡の届出をすることになりますか。………16

Q 20 事件本人（死亡した者）に同居の親族以外の親族がいる

が，その者が届出をしないときは，だれが届出をすること
になりますか。 ………………………………………………… 16

Q 21 　同居の親族以外の親族のほかに，届出資格を有する者が
いますか。 ………………………………………………………… 18

Q 22 　成年被後見人である者の母が死亡した場合，その者は，
母の死亡の届出の届出人になることができますか。 ………… 18

Q 23 　事件本人（死亡した者）の妻のいとこは，死亡の届出の
届出人になることができますか。 …………………………… 19

Q 24 　届出義務者である同居の親族がいる場合に，同居の親族
以外の親族（届出資格者）が，死亡の届出の届出人になる
ことができますか。 …………………………………………… 20

(3) 届出人がいない場合

Q 25 　死亡の届出をする届出義務者がいない場合で，かつ，届
出資格者もいない場合は，死亡の届出の届出人はだれにな
りますか。 ……………………………………………………… 21

(4) その他

Q 26 　在外の日本国総領事から死亡報告があった場合，その通
知に基づき死亡の記載をすることができますか。 ………… 22

Q 27 　戸籍法第93条の死亡の届出で準用する同法第56条の「病
院，刑事施設その他の公設所」とは，どのような施設をい
うのですか。 …………………………………………………… 23

Q 28 　私立病院において親族のいない者が死亡した場合，死亡
の届出の届出人はだれになりますか。 ……………………… 24

2 　届出地

(1) 届出地の原則

ア　届出事件本人の本籍地

Q 29 　死亡の届出は，事件本人（死亡した者）の本籍地の市区

町村長にすることになりますか。……………………………24

Q 30 死亡の届出は，事件本人（死亡した者）の居住していた
住所地の市区町村長にすることができますか。……………25

Q 31 死亡地を甲市とする死亡の届出を甲市長が受理し，本籍
地の丙市長が戸籍の記載をしたところ，同一人について死
亡地を乙市とする死亡届があった場合，どのように処理す
ることになりますか。……………………………………………26

イ 届出人の所在地

Q 32 死亡の届出は，届出する者の所在地の市区町村長にする
ことができますか。……………………………………………27

ウ 事件発生地

Q 33 死亡の届出は，死亡した地の市区町村長にすることがで
きますか。………………………………………………………28

Q 34 海岸に漂着した死亡者又は河川を漂流している死亡者の
死亡の届出は，どこの市区町村長にすることになりますか。
…………………………………………………………………28

Q 35 乗船が難破して死亡した者の死亡の届出は，どこの市区
町村長にすることになりますか。……………………………30

Q 36 海難等による行方不明者で死亡と認定した場合の死亡報
告は，どこの市区町村長にすることになりますか。…………31

Q 37 海難により死亡した者の死亡の届出が，同居の親族から
死体検案書等を添付して届出する場合，どこの市区町村長
にすることになりますか。……………………………………31

エ その他

Q 38 海上で死亡した者の死亡の届出は，その遺体を収容した
船が入港した地の市区町村長にすることになりますか。………32

Q 39 海難による行方不明者の死亡報告は，死亡の場所の最寄
りの市区町村が容易に判別できる場合は，その市区町村長

に報告することになりますか。 …………………………………………32

Q 40　漂流遺体の死亡場所が，死体検案の結果判明した場合で
も，遺体漂流地の市区町村長に死亡の届出をすることがで
きますか。 ……………………………………………………………33

(2)　在外公館への届出

Q 41　外国に居住する日本人が死亡したときは，死亡の届出は
どこにすることになりますか。 …………………………………34

Q 42　外国に旅行中の日本人が死亡したときは，死亡の届出は
どこにすることになりますか。 …………………………………35

3　届出期間

(1)　国内の場合

Q 43　死亡の届出は，何日以内に届出をすることになりますか。
その期間はいつから起算しますか。 ……………………………36

Q 44　死亡してから10日後に発見された者の死亡の届出は，い
つまでに届出をすることになりますか。 ………………………36

Q 45　水難，火災等の事変に遭遇して死亡した蓋然性が高いが，
遺体が発見されない場合，親族等から死亡の届出をするこ
とができますか。又は取調べ官公署からの死亡の報告によ
るべきですか。 ……………………………………………………37

(2)　国外の場合

Q 46　外国で死亡した日本人の死亡の届出は，何日以内に届出を
することになりますか。その期間はいつから起算しますか。……39

Q 47　外国で事故により死亡した日本人が，死亡してから1か
月後に発見された場合，その届出は，いつまでにすること
になりますか。 ……………………………………………………39

Q 48　外国で事故により死亡した蓋然性が高いが，遺体が発見
されない場合の死亡の届出は，どのようになりますか。 ………40

4 届出の書式

(1) 届出事項

Q 49 死亡の届書には，どのような事項を記載するのですか。 ……41

(2) 書面による届出

Q 50 死亡の届出は，書面によらなければならないですか。 ………43

Q 51 死亡の届出を書面でする場合の様式は，決められていますか。 …………………………………………………………43

Q 52 死亡届の用紙をコピーすると「複写」，あるいは「偽造・複写防止」と写出される措置がされていますが，この用紙を使用して届出ができますか。 ……………………………44

(3) 口頭による届出

Q 53 死亡の届出を口頭でする場合は，どのようにすることになりますか。 ………………………………………………45

5 届出の方法

(1) 届出人による届出

Q 54 死亡の届出は，届出人が届出地の市区町村役場に出向いてすることになりますか。 …………………………………46

(2) 使者による届出

Q 55 死亡の届出は，届出人が署名して，使者（使いの者）に託して届出をすることができますか。 ……………………47

(3) 郵送による届出

Q 56 死亡の届出は，届出人が署名して，郵送（郵便・信書便）により届出をすることができますか。 ………………47

(4) オンラインシステムによる届出

Q 57 オンラインシステムを使用して死亡の届出を届出する場合は，どのような方法ですることになりますか。 ………48

Q 58　死亡の届出のオンライン申請の際の本人確認は，どのような方法によって行われるのですか。 …………………………49

Q 59　オンラインシステムによる届出の場合，本人確認のための電子署名を行った者を確認するための電子証明書とは，どのようなものですか。 …………………………49

Q 60　戸籍の届書には，届出人等の署名が必要とされていますが，オンラインシステムによる届出の署名はどのようにするのですか。 …………………………50

Q 61　オンラインシステムによる届出の届出地は，どのようになりますか。 …………………………51

Q 62　オンラインシステムによる届出は，どの時点で市区町村長に到達したことになるのでしょうか。 …………………………51

Q 63　電子署名を行うべき者が複数ある場合の届出は，どのようにするのでしょうか。 …………………………52

6　届書の提出等 ────────────────────────●

(1) 届出の通数

Q 64　死亡の届出を届出人の所在地の市区町村長にする場合は，事件本人（死亡した者）の本籍地の市区町村長に送付する分を含めて2通提出することになりますか。 …………………………52

(2) 届出等情報の取扱い

Q 65　届書等情報を作成する対象となる書面にはどのようなものがありますか。 …………………………54

Q 66　法務大臣に提供する届書等の情報は，どのように作成することになりますか。 …………………………55

Q 67　届出の受理後に，届書等に明らかな不備を発見した場合において，市区町村長が確認した情報により戸籍の記載をすることができるときは，どのように処理することになりますか。 …………………………56

Q 68　在外公館で受理した届書の送付がありましたが，当該届書についても画像情報として法務大臣に提供する必要があるのでしょうか。 ……………………………………………………57

Q 69　届出等を受理した市区町村で作成した届書等情報は，どのような方法で法務大臣に提供するのでしょうか。 ……………57

Q 70　届書等情報を法務大臣に提供したいのですが，電気通信回線の故障等により送信できないときは，どうすればよいのでしょうか。 ……………………………………………………58

第3　死亡届書の記載方法

1　届出の日

Q 71　死亡の届出の日は，いつの日を記載しますか。 ………………60

Q 72　届出の日が，届出以外の日を記載している場合は，どのようになりますか。 …………………………………………………60

2　届出先

Q 73　届出事件本人（死亡した者）の本籍地に届出をするときは，届出のあて先は，本籍地の市区町村長になりますか。 ……61

Q 74　届出人が，事件本人（死亡した者）の住所地であった市区町村長を届出先と記載した届書が提出された場合，どのように取り扱いますか。 ………………………………………………61

Q 75　届出人が，事件本人（死亡した者）の死亡届を，届出人の所在地の市区町村長に届出する場合，届出のあて先は，事件本人の本籍地の市区町村長になりますか。 ………………62

3　「氏名・生年月日」欄

Q 76　事件本人（死亡した者）の氏名と生年月日は，何に基づいて記載をすることになりますか。 ……………………………………63

Q 77　事件本人（死亡した者）の本籍が不明のため，本人が生

前に使っていた通称名と年齢を届書に記載して届出をする
ことができますか。 ……………………………………………… 63

Q 78 出生子が命名前に死亡した場合，死亡の届出において届
書にはどのように記載しますか。 …………………………… 64

Q 79 棄児が命名前に死亡した場合，届書にはどのように記載
しますか。 ……………………………………………………… 65

4 「死亡したとき」欄の記載及び戸籍の記載 ————————————•

Q 80 死亡した時刻が昼の12時10分の場合，死亡届書の「死亡
したとき」欄の死亡時刻はどのように記載しますか。また，
戸籍にはどのように記載されますか。 ……………………… 66

Q 81 死亡した時刻が夜の12時の場合，死亡届書にはどのよう
に記載しますか。また，戸籍にはどのように記載されます
か。 ……………………………………………………………… 67

Q 82 死亡した日時は，死亡診断書（又は死体検案書）に基づ
いて記載することになりますか。 …………………………… 68

Q 83 死亡の年月日が，事案によって詳細が判明しない場合，
届書及び戸籍の記載において「推定」の文字の記載はどの
箇所にすることになりますか。 ……………………………… 68

Q 84 死亡した日時が，①「昭和31年9月10日頃」，又は②
「昭和31年9月30日頃」，あるいは③「昭和32年1月1日
頃」と記載された死亡届書に，添付された死亡診断書（又
は死体検案書）も同様の記載がされている場合，戸籍には
どのように記載しますか。 …………………………………… 69

Q 85 死亡した日時が，死体検案書には「昭和30年3月上旬」
とあり，届書にも同様に記載されていますが，戸籍にはど
のように記載しますか。 ……………………………………… 70

Q 86 死亡した日時が，死体検案書には「昭和30年3月下旬」
とあり，届書にも同様に記載されていますが，戸籍にはど
のように記載しますか。 ……………………………………… 70

Q 87 死亡した日時が，死体検案書には，昭和35年１月15日午後９時頃とあり，届書にも同様に記載されていますが，戸籍にはどのように記載しますか。 …………………………………70

Q 88 届書の「死亡したとき」欄が「昭和40年３月初旬頃」と記載されている場合，戸籍にはどのように記載しますか。 ………………………………………………………71

Q 89 死亡した日時が，死体検案書には「昭和26年５月初旬推定」とあり，届書にも同様に記載されていますが，戸籍にはどのように記載しますか。 …………………………………72

Q 90 死亡した日時が，死体検案書には「昭和45年７月７日午後11時～12時の間と推定」とあり，届書にも同様に記載されていますが，戸籍にはどのように記載しますか。 …………72

Q 91 死亡した日時が，死体検案書には「昭和45年８月16日午後２時～３時（推定）」とあり，届書にも同様に記載されていますが，戸籍にはどのように記載しますか。 …………72

Q 92 死亡した日時が，死体検案書には「昭和３年１月16日推定10時」又は「昭和３年１月16日10時頃」とある場合，届書にはどのように記載しますか。また，戸籍にはどのように記載されますか。 ……………………………………73

Q 93 死亡した日時が，死体検案書には「平成10年６月５日昼頃」とあり，届書にも同様に記載されていますが，戸籍にはどのように記載しますか。 …………………………………73

Q 94 死亡した日時が，死亡診断書には「大正３年２月９日正子又は午後12時」とある場合，届書にはどのように記載しますか。また，戸籍にはどのように記載されますか。 …………74

Q 95 死亡した日時が，死亡診断書（又は死体検案書）には，「大正３年２月10日正午又は午前12時」とある場合，届書にはどのように記載しますか。また，戸籍にはどのように記載されますか。 ………………………………………74

Q 96 死亡した日時が「昭和４年12月31日午後12時30分」と記

載された死亡届書が郵送により届出されましたが，「午前
零時30分」か「午後零時30分」かについて確認を要するた
め，届出人に照会したところ，同人は所在不明により確認
ができません。この場合，戸籍にはどのように記載します
か。 ……………………………………………………………75

Q 97　死亡報告書に「昭和13年6月3日14時0分○○附近ニ於
テ戦死」とある場合，戸籍にはどのように記載しますか。 ……75

Q 98　死亡した日時が，死亡診断書には「昭和35年3月8日午
前5時20分48秒」とあり，届書にも同様に記載されていま
すが，戸籍にはどのように記載しますか。 …………………75

Q 99　死亡した日時が「昭和30年2月1日午後11時30分から2
月2日午前0時30分までの間に死亡」と記載した死亡届書
に添付された死体検案書も同様に記載されている場合，戸
籍にはどのように記載しますか。 ……………………………76

Q 100　死亡した日時が，死体検案書には「昭和30年3月4日午
後8時から11時迄の間」とあり，届書にも同様に記載され
ていますが，戸籍にはどのように記載しますか。 …………76

Q 101　死亡した日時が，死体検案書には「平成11年5月1日午
後から2日午前」とある場合，届書にはどのように記載し
ますか。また，戸籍にはどのように記載されますか。 …………77

Q 102　死亡した日時が，死亡の届書に「昭和46年4月20日夜よ
り21日早朝の間と推定」と記載されている場合，戸籍には
どのように記載しますか。 ……………………………………77

Q 103　死亡した日時が，死体検案書には「昭和30年春頃」とあ
り，届書にも同様に記載されている場合，戸籍にはどのよ
うに記載しますか。 ……………………………………………78

Q 104　死亡報告に添付の「検視調書」（昭和41年5月4日付け）
に，死亡した日時が「死後4，5ケ月と推定」とあり，報
告書も同様に記載されている場合，戸籍にはどのように記
載しますか。 ……………………………………………………78

Q105 死亡した日時が「昭和43年12月24日夜半午後」と記載された死亡届書がありましたが，添付の死体検案書は「昭和43年12月24日夜半」と記載されています。この場合，戸籍にはどのように記載しますか。 ……………………………………79

Q106 死亡した日時が，死体検案書には「昭和48年8月日不詳」とあり，届書には「昭和48年8月 日不詳」と記載されている場合，戸籍にはどのように記載しますか。 ……………79

Q107 死亡した日時が，死体検案書には「昭和52年2月19日午前5時不詳分」とある場合，届書にはどのように記載しますか。また，戸籍にはどのように記載されますか。 …………80

Q108 日本標準時地以外の地で死亡した者の死亡の日時の記載は，届書にはどのように記載しますか。 ……………………………80

Q109 米国の各州で発行される死亡証明書において，死亡時刻が「0時」の場合の表示は，例えば「昭和40年10月5日午前（A.M）又は午後（P.M）12時」とされていますが，在外公館から送付される届書も同様に記載されていることがあります。この場合，戸籍にはどのように記載しますか。 ……81

Q110 死亡証明書に死亡時刻の記載がない場合は，届書にはどのように記載することになりますか。また，戸籍にはどのように記載しますか。 ………………………………………81

5 「死亡したところ」欄

Q111 外国の港に停泊中の日本船舶の乗組員が，同地に上陸中に死亡した場合において，船長から日本に帰港後に寄港地の市区町村長に，航海日誌の謄本及び死亡地の外国人医師が作成した死亡証明書が送付された場合，死亡地はどのようになりますか。また，この場合の取扱いはどのようになりますか。 ………………………………………84

Q112 日本国内の港に停泊中の日本船舶の乗客が，停泊中の船内で死亡し，その地の医師の診断を受けた後，出航した地に帰港後にその地の市区町村長に，航海日誌の謄本及び死

亡地の医師が作成した死亡診断書が船長から送付された場合，死亡地はどのようになりますか。また，この場合の取扱いはどのようになりますか。 …………………………………… 85

6 「住所」欄

Q113 死亡した者の住所は，死亡時の住所を記載することになりますか。 …………………………………………………… 85

7 「本籍」欄

Q114 死亡した者の本籍は，死亡時の本籍を記載することになりますか。 …………………………………………………… 86

8 「死亡した人の夫または妻」欄

Q115 死亡した者に配偶者（夫又は妻）がいたが，その者と離婚している場合は，届書にはどのように記載しますか。また，死亡した者より先に配偶者が死亡している場合は，どのように記載しますか。 ……………………………………… 86

9 「死亡したときの世帯のおもな仕事と死亡した人の職業・産業」欄

Q116 死亡したときの世帯のおもな仕事と死亡した人の職業・産業欄は，どうして記載するのですか。 ………………… 87

Q117 死亡したときの世帯のおもな仕事と死亡した人の職業・産業欄の「職業」と「産業」は，国勢調査の年に記載するとされていますが，これはどうしてですか。 ………………… 87

10 「その他」欄

Q118 「その他」欄には，どのようなことを記載するのですか。……… 88

11 「届出人」欄

(1) 届出人

Q119 死亡の届出は，だれがするのですか。 ………………… 89

(2) 届出人の資格者欄

Q120 死亡届書の「届出人」欄の届出資格を記載する欄が，□
1．同居の親族　□2．同居していない親族　□3．同居
者　□4．家主　□5．地主　□6．家屋管理人　□7．
土地管理人　□8．公設所の長　□9．後見人　□10．保
佐人　□11．補助人　□12．任意後見人　□13．任意後見
受任者　となっていますが，具体的には，どのような人の
ことをいうのですか。………………………………………………91

Q121 死亡届書の「届出人」欄の届出資格は，□1から□13ま
で掲げられていますが，それ以外の者は届出ができないの
ですか。……………………………………………………………93

Q122 親族及び同居者のいない者の死亡の届出において，届出
資格を記載していない届出がされ，届書の「その他」欄に，
親族及び同居者がいないので，民生委員が届出をする旨の
記載がされています。この場合，どのように取り扱うこと
になりますか。……………………………………………………93

(3) 届出人の住所欄

Q123 届出人は，すべてその者の住所を記載しなければならな
いのですか。記載を省略できる場合はありますか。……………94

(4) 届出人の本籍欄

Q124 届出人は，すべてその者の本籍を記載しなければならな
いのですか。記載を省略できる場合はありますか。……………95

(5) 届出人の署名欄

Q125 届出人が，署名欄に自ら署名できないときは，どのよう
にすればよいですか。……………………………………………96

(6) 届出人の押印

Q126 届出人は，署名のほかに，押印をしなくてもよいのです
か。…………………………………………………………………96

(7) 届出人の生年月日

Q127 届出人が，署名欄に記入する出生年月日は，必ず記載し
なければならないのですか。記載を省略できる場合はあり
ますか。……………………………………………………………………97

第4 添付書面

1 死亡診断書

Q128 刑事施設に収容中に死亡した者について，同施設の長か
ら死亡報告があったが，死亡診断書又は死体検案書の添付
がされていない場合は，どのように取り扱いますか。…………98

Q129 非本籍地で受理した死亡の届書について，事件本人の氏
名と生年月日が戸籍の原本と一部相違があるため，受理地
の市区町村長において届出人に補正を求めたところ，補正
後の届書の記載と添付の死亡診断書の記載が一致しない場
合，どのように取り扱いますか。………………………………99

Q130 在外公館で受理した死亡届に添付されている死亡診断書
について，訳文の添付がない場合は，どのように取り扱い
ますか。…………………………………………………………………99

Q131 死亡届書及び同届書に添付の死亡診断書に基づいて，人
口動態調査死亡票作成送付後に，届書に添付の死亡診断書
について，作成した医師から誤記訂正の申出があった場合，
どのように取り扱いますか。……………………………… 100

Q132 死亡届書に添付した死亡診断書に誤記があるとして届出
人又は作成した医師から誤記訂正の申出があった場合，ど
のように取り扱いますか。…………………………………… 101

Q133 死亡の届出をする場合に，死亡診断書又は死体検案書を
添付できない場合は，どのような証明書を添付することに
なりますか。…………………………………………………… 102

2 死体検案書

Q134 戸籍法第92条による警察官の死亡報告に添付する検視調書は，その調書に限られますか。 …………………………… 103

3 その他死亡を証する書類

Q135 水害による大洪水で遭難した者が，発見されない場合の死亡の届出は，どのようになりますか。 ………………… 104

Q136 犯罪により死亡した者についての死亡の届出において，死体検案書，検視調書又は医師の死亡診断書を得ることができないときは，判決の謄本又は抄本を添付して届出ができますか。 ……………………………………………… 106

Q137 死亡届に添付する死亡診断書が，担当医師が死亡し又は所在不明のため添付できないときは，市区町村長が作成した埋火葬認許交付簿謄本又は埋火葬を行った神職僧侶の証明書を添付した死亡の届出はできますか。 ……………… 106

Q138 僻地で医師がいないため，死亡の届出に際して死亡診断書又は死体検案書が添付できない場合，寺院の住職又は集落の自治会長等の証明書を添付した届出はできますか。 ……… 107

第5 死亡報告

1 死亡報告一般

Q139 死亡報告においては，その報告書に取調べをした官公署の長の職氏名を記載し，職印を押すことになりますか。 ……… 108

2 事変による死亡報告

Q140 地震や海難事故により死亡したことの蓋然性が高いが，遺体が発見されない場合は，どのようになりますか。 ……… 108

Q141 地震や海難事故により死亡し，その捜索をした官公署から死亡報告がされた場合は，死亡の届出及び戸籍の記載は

目　次　　**XXV**

どのようになりますか。……………………………………… 110

Q142　地震や海難事故により死亡し，その捜索をした官公署か
ら死亡報告がされた場合は，届出義務者からの届出はでき
ないことになりますか。……………………………………… 110

Q143　海上保安庁の保安官は，戸籍法第92条第1項に規定する
死亡報告ができますか。……………………………………… 111

Q144　炭鉱爆発による事変によって遺体は発見されないが，死
亡の事実が確認できるとして取調べをした官公署から死亡
報告がされたときは，受理できますか。…………………… 111

Q145　海難事故による行方不明者の死亡報告及び戸籍法第89条
（事変による死亡報告）を取り扱う官公署は，どこになり
ますか。………………………………………………………… 112

Q146　一家の全員殺害又は自殺の場合は，戸籍法第89条の「そ
の他の事変による死亡報告」として取り扱うことになりま
すか。…………………………………………………………… 113

Q147　海難事故により死亡した者について，海上保安庁等より
死亡報告がされる前に，同居の親族等から死体検案書を添
付して死亡の届出がされ，これを受理した後，取調べをし
た官公署から死亡報告がされた場合，どのように取り扱う
ことになりますか。…………………………………………… 113

Q148　海難事故により行方不明者の死亡認定の手続が完了した
後に生還した者について，海上保安本部長から死亡報告取
消の通知があった場合は，どのように処理しますか。……… 114

Q149　海難事故により行方不明者の死亡報告について，死亡地
の認定が困難な場合は，どこの市区町村長に報告すること
になりますか。………………………………………………… 115

Q150　洪水により激流に流されて行方不明になった者が，その
後2か年経過しても遺体が発見されない場合，戸籍の処理
はどのようになりますか。…………………………………… 115

Q151 河川の決壊又は山崩れ等のため行方不明となり，死亡と確認された者について，戸籍の届出，戸籍の記載は，どのようになりますか。 ……………………………………………… 116

3 身元不明者の死亡 ●

Q152 事件本人（死亡した者）の本籍，氏名が架空のもので，その者の本籍，氏名が明らかでない場合は，死亡の届出はどのようになりますか。 ………………………………………… 117

Q153 非本籍地の市区町村長が受理した死亡の届出について，本籍地の市区町村長から該当者がいないとして連絡があった場合において，届出人に通知したところ本籍不明者で，氏名は通称名である旨の申出がされ，その後，本籍及び氏名が判明した旨の申出がされたときは，どのように取り扱いますか。 ……………………………………………… 118

Q154 本籍不明者の死亡報告がされていたところ，その者の本籍が明らかになった場合は，どのようになりますか。 ……… 119

Q155 本籍不明者の死亡報告がされていたところ，その者の本籍が明らかになったが，届出義務者が届出をしない場合は，どのようになりますか。 …………………………………… 120

Q156 本籍不明者の死亡の届出を雇用主がする場合，届出資格を同居者とし，事件本人（死亡した者）の氏名を生前に自称していた氏名を記載して届出をすることができますか。 …… 121

Q157 本籍不明者の死亡について，事件本人（死亡した者）の利害関係人から申出がされ，申出をされた市区町村長が当該死亡の申出書を仮に受付して保管中のところ，その後本籍が明らかになったが，届出義務者がいないか又は届出をしない場合は，どのようになりますか。 ……………………… 121

Q158 本籍不明者がその者の住所において病死した場合，同居者又は家主がいる場合，それらの者から死亡の届出ができますか。それとも警察官からの死亡報告をすることになりますか。

その後，死亡者の本籍が判明した場合は，どのようになりますか。 ……………………………………………………… 122

Q159 本籍・氏名不分明者を警察官から行旅病者として引き渡され，市区町村において収容中のところ，その者が死亡した場合の死亡の届出はだれがすることになりますか。 ……… 122

Q160 出生の届出未済と認められる嬰児又は幼児の遺棄死体が発見され，警察官から棄児発見の申出及び死亡の届出がされたときは，その申出を受けた市区町村長は，どのように取り扱いますか。 …………………………………………… 123

Q161 非本籍地で受理した死亡の届出について，事件本人は本籍地において現に生存していることが明らかな場合，当該死亡届出書類は，どのように処理することになりますか。 …… 124

Q162 通称の氏名による死亡の届出のため，本籍不明者として届出書類を保管していたところ，死亡者の本籍氏名が判明した場合，どのように取り扱いますか。 ………………… 125

Q163 本籍不明者・認識不能者の死亡報告があった後，死亡者の本籍が明らかになり，又は死亡者を認識することができることになったとして，警察官から報告される前に，死亡の届出義務者から届出がされた場合，どのように取り扱いますか。 …………………………………………………… 125

4 その他の死亡報告

Q164 地震，火災，水難その他の事変により，数年前に死亡した者が未だ戸籍から消除されていない場合は，どのように取り扱うことになりますか。 …………………………… 126

第6 交通機関の中の死亡

Q165 電車その他の交通機関に乗っているときに死亡した場合，その死亡の届出はどのようになりますか。 ………………… 128

第 7 公設所における死亡

Q166 刑事施設の中で死亡した者について，その者に引取人が
ある場合の死亡の届出は，だれがすることになりますか。 …… 129

Q167 刑事施設の中で死亡した者について，その者に引取人が
ない場合は，死亡の届出等はどのようになりますか。 ……… 129

第 8 在外日本人の死亡

Q168 在外日本国総領事から死亡通知書が送付された場合，そ
の通知書を死亡報告として取り扱うことになりますか。 …… 130

Q169 在外日本人についての死亡の届出が，届出義務者でない
者からされ，それが在外公館を経由して本籍地の市区町村
長に送付された場合，どのように取り扱いますか。 ………… 131

Q170 在外日本人の死亡の届出に添付の死亡証明書の死亡時刻
は，現地の日時が記載されていますが，届書及び戸籍には
そのままの日時を記載することになりますか。 ……………… 132

第 9 在日外国人の死亡

Q171 日本に在住する外国人の死亡の届出を，当該国の在日領
事館等にした場合，市区町村長への届出は要しないことに
なりますか。 ……………………………………………………… 133

Q172 在日のアメリカ国籍の者の死亡の届出がされた場合，
「戸籍の記載を要しない事項・日本国籍を有しない者に関
する届書報告書その他の書類つづり」につづるだけでよい
ですか。 …………………………………………………………… 133

Q173 在日のロシア国籍の者の死亡の届出がされた場合，「戸
籍の記載を要しない事項・日本国籍を有しない者に関する
届書報告書その他の書類つづり」につづるだけでよいです
か。 ………………………………………………………………… 134

目次　xxix

Q174　在日の外国人（アメリカ及びロシア連邦の者を除く。）
　　　の死亡届がされた場合，「戸籍の記載を要しない事項・日
　　　本国籍を有しない者に関する届書報告書その他の書類つづ
　　　り」につづるだけでよいですか。 ……………………………… 135

第10　高齢者の戸籍消除

Q175　120歳以上の高齢者でその生死及び所在が不明の場合，
　　　市区町村長が管轄法務局の長の許可を得て，職権で戸籍か
　　　ら消除することができますか。
　　　　その場合の手続はどのようになりますか。 ………………… 137

Q176　100歳以上の高齢者の所在が不明で，その生死及び所在
　　　について調査の資料を得ることができない場合，市区町村
　　　長が管轄法務局の長の許可を得て，職権で戸籍から消除す
　　　ることができますか。
　　　　その場合の手続はどのようになりますか。 ………………… 138

Q177　90歳以上100歳未満の高齢者で，生存の見込みのない者
　　　について，本人の親族から戸籍消除の申出があった場合に
　　　は，管轄法務局の長の許可を得て，市区町村長が職権で消
　　　除することができますか。
　　　　その場合の手続はどのようになりますか。 ………………… 139

Q178　高齢者について市区町村長が管轄法務局の長の許可を得
　　　て職権で消除した者について，その後死亡の届出がされた
　　　ときは，どのような取扱いになりますか。 ………………… 140

第11　届書の審査

1　審査一般

Q179　湖水に投身自殺したと推測されるが，遺体が発見されな
　　　い者につき，遺留品の発見及び家族からの遺留品確認引取
　　　の旨を記載した警察署長発給の証明書を添付して，親族か
　　　ら死亡の届出がされた場合，受理することができますか。 … 142

Q180 遺留品等から滝に投身自殺したと推測される者について，遺体が発見されないため，死亡診断書又は死体検案書の添付が得られないとして，それに代わる死亡の事実を証すべき書面として，死亡したと推測される者の家族の申述書，遺留品を家族が確認の上引き取った旨の警察署長の証明書，医師の病歴証明書等を添付した死亡の届出がされた場合，受理することができますか。 …………………………………… 143

Q181 船上から投身心中した男女のうち男の死体が未発見であるが，目撃者の現認書，航海日誌の写し，遺留品目録及び遺書等を添付して，男の親族から死亡の届出がされた場合，受理することができますか。 …………………………… 144

Q182 山津波にあって行方不明になった者について，その災害状況を調査した関係者の供述，遺体捜査官公署の証明，葬儀を営んだ僧侶の証明等を添付した死亡の届出がされた場合，受理することができますか。 ………………………… 145

Q183 死亡の届出に死亡診断書又は死体検案書以外の書面が添付されている場合，そのまま受理することができる場合がありますか。 ……………………………………………… 146

Q184 海難事故による行方不明者について，死体が発見されず，取調べをした官公署がない場合，その者の死亡の届出はどのようになりますか。 ……………………………………… 147

Q185 死亡の届出を受付したところ，事件本人の戸籍には失踪宣告の記載がされている場合，死亡の届出は受理することができますか。 ……………………………………… 148

2　死亡届が即日に受理決定ができない場合 ――――――●

(1)　届書の補正又は追完

Q186 死亡の届出をしたが，書類上の不備があるため，当該届出が受理されないときはどのようになりますか。 …………… 148

(2)　受理照会を要する死亡届出

Q187 死亡の届出がされたとき，市区町村長が管轄法務局の長

の指示を求めることになる届出には，どのようなものがあ
りますか。 ……………………………………………………… 149

Q188 死亡診断書が得られないため，市区町村長の証明した死
体埋火葬許可証の写しを添付して死亡の届出がされたとき，
市区町村長は管轄法務局の長の指示を求めることなく受理
することができますか。 …………………………………… 150

Q189 海難事故による行方不明者につき，生存者又は目撃者が
作成した死亡現認書を添付して届出義務者から，死亡の届
出がされた場合はどのように取り扱いますか。 ………………… 152

第12 戸籍の記載

Q190 死亡の届出によって，事件本人（死亡した者）の戸籍証
明書にはどのように記載されますか。 ………………………… 153

Q191 死亡の届出の事件本人（死亡した者）に配偶者がある場
合，その配偶者の戸籍に夫（又は妻）が死亡した旨の記載
がされますか。 ………………………………………………… 154

Q192 養親の死亡の届出に基づき，養子の戸籍の養親の氏名及
び養親との続柄の記載を消除することになりますか。 ……… 154

Q193 数年来行方不明となっていた者が，殺害されたものとし
て刑事判決が確定したが，死体が海中に投棄されたため発
見されない場合，死亡した者の本籍地の市区町村長は，そ
の判決謄本に基づき職権で戸籍の記載をすることができま
すか。 …………………………………………………………… 155

Q194 海難事故による行方不明者につき，海上保安本部の死亡
報告に基づき戸籍の記載をした後，同一人について失踪宣
告の届出があったが，死亡とみなされる日が死亡報告と異
なる場合は，どのように取り扱うことになりますか。 ……… 155

Q195 公設の病院又は療養所において死亡した者について，公
設所の長又は管理人から死亡の届出がされたときは，死亡
事項はどのように記載されますか。 ………………………… 156

Q196 私設の病院又は療養所において死亡した者について，私設の病院の長又は療養所の長から家屋管理者として死亡の届出がされたときは，死亡事項はどのように記載されますか。 …………………………………………………………………… 157

Q197 日本人夫と外国人妻夫婦の妻が日本で死亡した場合，日本人夫の戸籍に婚姻解消事由を記載するには，どのようにすればよいですか。 ………………………………………………… 158

Q198 日本人夫と外国人妻夫婦の妻が外国で死亡した場合，日本人夫の戸籍に婚姻解消事由を記載するには，どのようにすればよいですか。 ………………………………………………… 159

Q199 失踪宣告の届出により除籍された者が在籍していた戸籍が，甲市から乙市に転籍後に，失踪者の死亡の届出がされた場合，死亡の記載はいずれの戸籍にしますか。 ………… 160

Q200 死亡の届書に死亡の日時が，昭和34年9月26日午後8時から9月27日午前8時までの間と記載されている場合，生存配偶者の戸籍の身分事項欄の婚姻解消事由の日はどのように記載をしますか。 …………………………………………… 161

第13 死亡による戸籍の変動

1 生存配偶者の復氏届

Q201 夫の氏を称して婚姻した妻は，夫の死亡により当然に婚姻前の氏に復しますか。 ……………………………………… 162

Q202 夫の氏を称して婚姻した妻が，夫の死亡により婚姻前の氏に復することなく，他男と夫の氏を称して婚姻したが，その夫も死亡した場合，生存配偶者である妻が復氏をするときは，前婚の氏になりますか。その場合，実方の氏に復することはできませんか。 ………………………………… 163

2 生存配偶者の姻族関係終了届と戸籍の変動

Q203 夫の氏を称して婚姻した妻は，夫の死亡により夫の親族

との親族関係をなくしたい場合は，どのようにすればよい
ですか。 ……………………………………………………… 164

Q204 夫の死亡により夫の親族との姻族関係終了届をした場合，
妻は婚姻前の氏に復しますか。 ……………………………… 165

第14 戸籍届書の処理

1 死亡届書情報の他市区町村長への提供

Q205 死亡の届出を届出人の所在地（住所地）の市区町村長に
した場合，その届出情報は，本籍地の市区町村長にどのよ
うに提供されるのですか。 …………………………………… 166

2 死亡届書の整理

Q206 市区町村長に届出された届出書類の保存期間は，どうな
りますか。また，当該書類はどのようにして保存しておけ
ばよいのでしょうか。 ………………………………………… 167

Q207 法務大臣に提供した届書等情報の保存期間は，どのよう
になっていますか。 …………………………………………… 168

Q208 外国人が日本で死亡し，届出人が所在地の市区町村長に
死亡の届出をした場合，その届出書類は，どのように整理
して保存されるのですか。 …………………………………… 169

第15 死亡届書類の記載事項証明

Q209 市区町村役場で受理された死亡届の届出等情報が必要に
なった場合は，どのようにすればよいですか。 …………… 171

Q210 市区町村役場で受理された死亡届書の届書等情報を請求
できる者に，制限はありますか。 …………………………… 172

Q211 外国人が日本で死亡し，その死亡の届出を事件本人（死
亡した者）の親族（外国人）がして，当該届出書類は届出
人の所在地の市区町村長が受理して保存している場合，届

出人等から当該届出書類を本国の官憲等に提出する必要が
あるとして，死亡届の記載事項証明書の請求がされたとき
は，交付ができますか。……………………………………… 173

Q212 死亡届書等の内容に係る証明書は，どのような内容にな
るのでしょうか。……………………………………………… 174

Q213 死亡届書等の内容に係る証明書を郵送等により請求をす
ることは，可能でしょうか。………………………………… 175

目　次　XXXV

事　例

第1　死亡の届出

事例1　同居の親族（夫）が本籍地の市区町村で死亡し，同居の
親族（妻）が本籍地（所在地）の市区町村長に死亡の届出
をする場合……………………………………………………… 177

事例2　同居の親族（妻）が非本籍地（住所地）の市区町村で死
亡し，同居の親族（夫）が住所地（所在他）の市区町村長
に死亡の届出をする場合 ……………………………………… 181

事例3　同居していない親族（父）が非本籍地（住所地）の市区
町村で死亡し，別居の親族（長男）が父の住所であった地
（届出人の所在地）の市区町村長に死亡の届出をし，本籍地
の市区町村長において，全員除籍により戸籍を消除する場
合 ……………………………………………………………… 183

事例4　同居の親族（子）が本籍地の市区町村で死亡し，同居の
親族（父）が本籍地の市区町村長に死亡の届出をする場合…… 185

事例5　非本籍地で出生した者の出生届書が本籍地の市区町村長
に法務大臣から通知される前に，本籍地の市区町村で死亡
し，同居の親族（父）が本籍地の市区町村長に死亡の届出
をする場合……………………………………………………… 187

事例6　航海日誌を備えている船舶内で死亡した者について，着
港地の市区町村長に船長が死亡に関する事項を記載した航
海日誌の謄本を送付し，その謄本により死亡した者の本籍
地の市区町村長で処理する場合……………………………… 190

事例7　航海日誌を備えている船舶内で死亡した者について，船
舶が外国の港に着いたので，船長が死亡に関する事項を記
載した航海日誌の謄本を着港地の国に駐在する日本国領事

に送付し，その謄本が同領事から外務大臣を経由して死亡
した者の本籍地の市区町村長に送付された場合 ……………… 192

事例 8 航海日誌を備えていない船舶内で死亡した者について，
親族から死亡の届出が着港地の市区町村長にされ，死亡し
た者の本籍地の市区町村長において処理する場合 ……………… 194

事例 9 病院その他の公設所で死亡した者について，戸籍法第87
条に規定する届出人がないため，当該公設所の長が死亡の
届出をした場合…………………………………………………… 197

事例 10 刑事施設に収容中に死亡した者について，戸籍法第87条
に規定する届出人がないため，当該刑事施設の長が死亡の
届出をした場合…………………………………………………… 199

事例 11 進行中の電車内で死亡した者について，遺体をその電車
から降ろした地の市区町村長に親族から死亡の届出がされ，
死亡した者の本籍地の市区町村長において処理する場合……… 201

第2 死亡報告

事例 12 水難により死亡した者について，その取調べをした官公
署から死亡地の市区町村長に死亡の報告があった場合………… 203

事例 13 刑事施設に収容中に死亡した者について，その者の引取
人がないため，刑事施設の長から刑事施設の所在地の市区
町村長に死亡の報告があった場合……………………………… 205

第3 身元不明者の死亡

事例 14 死亡した者の本籍が明らかでない又は死亡した者を認識
することができないとして，警察官から検視調書として本
籍等不明死体調査書を添付して死亡地の市区町村長に死亡
報告がされていたところ，その後その者の氏名及び本籍が
明らかになったため，警察官から死亡者の本籍等判明報告
があった場合……………………………………………………… 207

事例 15 死亡した者の本籍が明らかでない又は死亡した者を認識

することができないとして，警察官から検視調書として本
籍等不明死体調査書を添付して死亡地の市区町村長に死亡
報告がされていたところ，その者の氏名及び本籍が明らか
になったため，警察官から死亡者の本籍等判明報告書が提
出される前に，届出人から死亡の届出がされた場合············· 210

第4 在外日本人の死亡

事例16 外国に在住する日本人夫婦の夫が同国で死亡し，同居の
親族である妻が所在地の日本の領事に死亡の届出をし，そ
の届書類が同領事から外務大臣を経由して死亡した者の本
籍地の市区町村長に送付された場合································· 212

事例17 外国に在住する日本人が同国で死亡し，その死亡証明書
を添付して，日本在住の親族から死亡の届出が，死亡した
者の本籍地の市区町村長にされた場合·························· 214

事例18 外国に在住する日本人男と外国人女夫婦の夫が同国で死
亡し，同居の親族である妻が所在地の日本の領事に死亡の
届出をし，その届書類が同領事から外務大臣を経由して死
亡した者の本籍地の市区町村長に送付された場合 ············ 217

事例19 外国に在住する日本人男と外国人女夫婦の妻が同国で死
亡し，同居の親族である夫から本籍地の市区町村長に死亡
届書類（婚姻解消記載申出書）が郵送された場合 ············ 219

第5 在日外国人の死亡

事例20 日本に在住する日本人女と外国人男夫婦の夫が日本で死
亡し，同居の親族である妻が所在地の市区町村長に死亡の
届出をし，妻につき婚姻解消事項を記載するため，妻の本
籍地の市区町村長において処理する場合······················· 221

第6 高齢者の戸籍消除

事例21 100歳以上に達した高齢者で所在不明の者について，死亡
していると認められる場合において，本籍地の市区町村長

が管轄法務局の長の許可を得て戸籍から消除する場合⋯⋯⋯⋯ 223

第7　その他

事例22　死亡診断書又は死体検案書に代わる死亡の事実を証すべき書面を添付した死亡の届出が，本籍地の市区町村長にされた場合に，管轄法務局の長の指示を得て死亡の記載をする場合 ⋯⋯⋯⋯⋯⋯⋯⋯⋯⋯⋯⋯⋯⋯⋯⋯⋯⋯⋯⋯⋯⋯⋯ 225

事例23　生存している者について誤って死亡の記載をし，その戸籍の全員が除かれたため戸籍を消除したところ，その後において過誤が判明したため，本籍地の市区町村長が管轄法務局の長の許可を得て戸籍を訂正する場合 ⋯⋯⋯⋯⋯⋯⋯⋯ 228

事例24　海難によって行方不明となった者について，戸籍法第89条の規定に基づき死亡の報告により戸籍の記載がされていたところ，その者について失踪宣告の審判が確定し，その届出が事件本人の本籍地の市区町村長にされたが，死亡とみなされる日が死亡報告による記載と異なる場合 ⋯⋯⋯⋯⋯ 232

事例25　失踪宣告の届出によりその旨の記載がされている者について，親族から死亡の届出が事件本人の本籍地の市区町村長にされた場合 ⋯⋯⋯⋯⋯⋯⋯⋯⋯⋯⋯⋯⋯⋯⋯⋯⋯⋯⋯⋯⋯⋯⋯⋯ 234

Q & A

死亡届書の記載の仕方とその根拠など213項目について，問（Q）・答（A）に〔注〕・〔参考先例〕・〔参考文献〕を付け加えています。

第1 死亡一般

Q1

戸籍法の死亡の届出には，どのような意義がありますか。

　人は権利義務の主体でありますが，その者が死亡すると，その者が出生によって取得した権利能力は消滅します。したがって，死亡の届出は人の権利能力の終期を登録するということになります。そして，その者に属していた権利義務は，死亡によって相続人に承継されます（民882条・896条）。このように死亡は，相続の開始原因になり，また婚姻の解消その他身分法や財産法において重大な影響を与える原因が発生します。

　死亡は，前述のように相続の開始など法律上において，重大な影響を及ぼすことになりますので，死亡の事実が発生した場合は，迅速かつ的確にその旨の届出をし，その届出に基づいてその者の戸籍に死亡の記載をし，その事実を公証する必要があります。

　戸籍法は，そのため一定の者に対し死亡の届出をすべきことを義務付けています（戸87条1項）。例えば，①迅速正確な届出が期待できる同居の親族などを届出義務者と定め（同条同項），その届出によって戸籍の記載をすることにしています。②また，届出の期待が困難である特殊事情の生じる水難，火災その他の事変による死亡の場合は，その取調べをした官公署の報告（戸89条），③死刑の執行，刑事施設に収容中の死亡の場合の刑事施設の長の報告（戸90条），④航海中の死亡の場合における船長の航海日誌の謄本の提出，又は公設所における死亡の場合の公設所の長の届出など（戸93条・55条・56条）は，①と同様とい

えます。その他として，前記の①ないし④のような届出義務を負うわけではないが，同居の親族以外の親族なども届出資格者として届出ができることとしています（戸87条2項）。

また，同法は一定の期間内に死亡の届出をすべきことを義務付けています（戸86条1項）。例えば，①国内での死亡の場合は，死亡の事実を知った日から7日以内の届出を，②国外での死亡の場合は，その事実を知った日から3か月以内の届出を定めています（同条同項）。③報告の場合は，遅滞なくすることとしています（戸90条・92条・93条）。

〔参考文献〕「最新体系・戸籍用語事典」479頁以下，「全訂戸籍届書の審査と受理」438頁以下，「改訂設題解説戸籍実務の処理Ⅶ」1頁以下，「改訂はじめての戸籍法」168頁以下

Q2

出生の届出がされていない者について，死亡の届出がされた場合は，どのように取り扱うことになりますか。

出生の届出が未了のため，戸籍に記載がされていない者について，非本籍地の市区町村長が受理した死亡の届書を本籍地の市区町村長において処理する場合は，当該届出の事件本人（死亡した者）が戸籍上は存在しないことになり，死亡の届出に基づく戸籍の記載ができないことになります。

この場合において，死亡の届出が本籍地の市区町村長に届出されたのであれば，保有する戸籍情報により当該届出の事件本人が，戸籍上存在しないことが直ちに確認できますが，前記と同様に戸籍の記載ができないことになります。このような場合は，死亡の届出人にその旨を通知し，出生の届出義務者に対し，出生の届出をするように催告することになります（戸44条1項・2項）。

前段の非本籍地の市区町村長に死亡の届出がされた場合において，

当該届書の処理をする本籍地の市区町村長は，死亡の届出人に対して出生の届出が未了である旨を直接通知し，また，出生の届出義務者に対し，出生の届出をするように催告することも考えられます。しかし，当該死亡の届出は，非本籍地の市区町村長が受理したものであることを考えると，それらの手続は，受理した市区町村長が行うべきものと考えます。受理した市区町村は，通常は届出人の住所地であると考えられますので，その確認や関係者への連絡も比較的容易であろうと思われますので，本籍地の市区町村長は受理した市区町村長に対して，事件本人の出生の届出が未了である旨を通知するのが相当と考えます。これにより受理地の市区町村長は，死亡の届出人に対して事件本人の出生の届出が未了である旨を通知し，また，出生の届出義務者に対し出生の届出を催告することになります（戸44条1項・2項）。

以上のような手続によって出生の届出がされた場合は，戸籍に事件本人について出生の記載がされますので，これにより先に送付を受けた死亡の届出による戸籍の記載ができることになります（大正5.2.3民1833号回答）。

なお，出生の届出前に届出された（送付された）死亡の届出は，戸籍発収簿（標準準則28条・30条・55条1項(2)）にいったん記載しておき，出生の届出がされた後に死亡の記載をすることになります（昭和38.7.18～19島根県戸協決議）。

〔注〕
1　旧戸籍法（大正3年法律26号）
　　第77条　「出生ノ届出前ニ子カ死亡シタルトキハ死亡ノ届出ト共ニ出生ノ届出ヲ為スコトヲ要ス」
2　上記の設問は，非本籍地で受理した届書を本籍地の市区町村において処理することを前提としたものですが，戸籍法の一部を改正する法律（令和元年法律17号・令和6.3.1施行）により，市区町村長は戸籍又は除かれた戸籍の副本に記録されている情報を法務大臣の使用に係る「戸籍情報連携システム」に提供することとされ，当該情報を利用して作成された戸籍関係情報について，市区町村長は，戸籍事務の処理に必要な範囲内において参照することができるとされています（戸規75条の3第1項）。これにより戸籍の届出についても戸籍証明書等の添付が不要となり，本籍地以外の市区町村におい

ても戸籍関係情報を確認することが可能になりました。

〔**参考文献**〕「改訂設題解説戸籍実務の処理Ⅶ」10頁・113頁

Q3

非本籍地の市区町村長が受理した出生の届出について，法務大臣から通知される前に，当該出生子の死亡の届出が本籍地の市区町村長に届出された場合、どのように処理しますか。

本籍地の市区町村長は，死亡の届出を受付した後，当該届出を戸籍発収簿（標準準則28条・30条・55条１項(2)）に記載しておき，出生の届書が受理地の市区町村長から送付された後に，死亡の届書に基づいて戸籍の記載をします（昭和23．7．10民事甲2052号回答，昭和38．7．18～19島根県戸協決議）。

上記の設問は，非本籍地で受理した届書を本籍地の市区町村に送付（郵送）することを前提としたものですが，戸籍法の一部を改正する法律（令和元年法律17号・令和６．3．１施行）により，非本籍地で受理した届書は，当該届書等の情報を画像データ化して，法務大臣の使用に係る「戸籍情報連携システム」に提供するものとされ，戸籍の記載をすべき本籍地の市区町村に対しては，法務大臣が当該情報を通知するものとされています（戸120条の４・120条の５）。これにより，市区町村間での郵送による届書の送付は不要になっています。

なお，事例５を参照願います。

Q4

出生の届出前に死亡した子について，名未定のまま出生の届出と死亡の届出が同時にされた場合，どのように処理しますか。後日，子の名が決まった場合はどのようになりますか。

名未定の出生の届出及び死亡の届出の双方とも受理し，戸籍の記載をすることになります。その後，子の名について追完の届出があったときは，その追完の届出を受理し，追完届書に基づいて出生届及び死亡届による戸籍の記載について，次の処理をします（昭和32．3．4民事甲398号回答）。

1　名未定の出生の届出があった場合は，名未定の子として戸籍に記載することになりますが，子の名欄は空白としておき，出生の届出義務者から名の追完届があった場合に，名欄に名の記載をします。

2　名未定の出生の届出について，名の追完届があった場合，コンピュータ戸籍の戸籍証明書では，出生事項の次に二段落ちの追完の記載をし，その後に追完届の記載をします（参考記載例4）。

〔注〕　紙戸籍の場合，次のような先例が示されています。
　　　命名前に死亡した子についても，命名しないでその旨を明らかにして届出をすることができます（明治31．9．24民刑1160号回答）が，この場合は出生届書の「その他」欄に「命名前に死亡」の旨を記載して届出をしたときは，戸籍の名欄に「無名」と記載されます（昭和26．12．14民事甲2362号回答）。また，その後に名の追完届があったときは，名欄の「無名」の記載を縦の朱線を引いて消除し，その右側に届出の名を記載します。そして身分事項欄に追完事項を記載します（昭和32．6．14岡山管内戸協決議）。

〔参考文献〕　「改訂設題解説戸籍実務の処理XXI」31頁以下，「改訂第2版注解コンピュータ記載例対照戸籍記載例集」17頁・265頁

Q5

死亡の届出がされた者について，既に失踪宣告の届出により戸籍の記載がされている場合，死亡の届出はどのように取り扱うことになりますか。

A 死亡の届出を審査した上，不備がなければそのまま受理し，戸籍の記載をします（大正7.11.26民2599号回答・大正9.5.31民事1553号回答）。そのため戸籍上は失踪宣告の届出に基づく記載事項と死亡の届出に基づく記載事項の二つの記載がされることになります。

この場合は，失踪宣告による戸籍の記載は，結果的に錯誤であったことになりますので，これを是正するため，失踪宣告取消しの審判を得て，失踪宣告取消の届出（戸94条）によって消除することになります（昭和29.2.23民事甲291号通達）。

なお，事例25を参照願います。

〔参考文献〕「改訂設題解説戸籍実務の処理Ⅶ」170頁以下

Q6

非本籍地の市区町村長が受理した死亡の届出について，本籍地の市区町村長から該当者がいないとして連絡があり，届出人に通知したところ本籍不明の旨の申出がされました。その後，本籍が明らかになった場合，当該届出をどのように取り扱うことになりますか。

A 本籍分明の届出（戸26条）又は死亡の届出に対する追完の届出（戸45条）のいずれでも差し支えないとされています（昭和28.10.31民事甲2028号回答）。

〔注〕〔本籍分明届〕
　戸籍の届出をする場合，届出人又は事件本人が日本国籍を有するときは，届書に戸籍の表示（本籍及び戸籍筆頭者）を記載しなければならないとされています（戸29条3号）。ところが，届出に当たって，自分の本籍が日本国内にあることは確かですが，それがどこにあるか明らかでない者（本籍不明者），又は日本国籍を有するが何らかの事由で戸籍に記載されていない者（無籍者）については，届書に本籍を記載することができないことになります。その場合は，本籍不明者又は無籍者として届出をせざるを得ないことになります。これらの者について，その後に本籍が明らかになったとき，又は就籍の届出により本籍を有することになったときは，先にした届出に結末を付けるため本籍分明の届出をすべきものとされています（戸26条）。
　本籍分明届は，本籍不明者又は無籍者として届出した基本の届出に対する追完届のような性質を有するものですから，基本の届出と合わせて完全な一つの届出になります。これらの届出に基づき戸籍の記載がされます。
〔追完届〕
　戸籍の届書類を受理するに当たっては，その届書類に不備な点があれば，届出人にこれを補正させて受理すべきです。しかし，その不備を見過ごして受理したため，戸籍に記載することができない場合は，届出人に対し，届書類の不備を補充是正する届出をさせることになります。この場合の届出を追完届といいます（戸45条）。

〔参考先例〕　昭和29.11.20民事甲2432号通達（本籍不明者又は無籍者からされた婚姻届又は養子縁組届の取扱い）

〔参考文献〕　「詳解処理基準としての戸籍基本先例解説」638頁以下，「初任者のための戸籍実務用語ハンドブック」44頁・167頁

Q7

「同時死亡の推定」とは，どのようなことですか。

　夫婦や親子が航空機事故等の不慮の事故等に遭遇して，同時に死亡することがあります。この「同時に死亡」という点について，実際にはその死亡の時分には若干の差異（時間の先後）があるものと考えられます。この時間の差異は，相続の開始原因にも影響することから，厳

密にいえばその先後を明確にする必要がありますが、その判断をすることは事実上不可能であることから、死亡時刻が相互に不詳である場合は、同時に死亡したものと推定することとされています。

Q8 「同時死亡」と推定された場合、相続はどのようになりますか。

相続の開始については、死亡がその開始原因とされていますが（民882条）、被相続人と相続人が同一の不慮の事故等で死亡し、死亡の日が同日で、死亡時刻が不明（不詳）と戸籍に記載されている場合には、従前の民法にはこの場合の規定がなかったことから、相続関係がどのようになるのかが疑問とされていました。

その後、民法の一部を改正する法律（昭和37年法律40号）により、同時死亡の推定に関する規定（民32条の2）が新設され、同時死亡の場合の死亡者相互間には、相続は開始しないことが明確となりました。

Q9

夫婦が同時に死亡した場合の婚姻解消事項の記載は，どのようにすべきですか。

夫婦に同時死亡の推定が適用される場合，夫婦は同時に死亡したものと解されることから，戸籍法施行規則第36条第1項の生存配偶者は相互に存在しないことになり，婚姻解消事項の記載は要しないことになります。

〔**参考先例**〕 昭和27.4.29～30山形戸協決議，昭和28.7.8岡山戸協決議

第2 死亡の届出

1 届出人

(1) 届出義務者

Q10 死亡した者がいる場合に，その者の死亡の届出をしなければならない届出人は，どのように定められていますか。

死亡の届出をしなければならない者，すなわち，届出義務者とされている者は，第一は同居の親族，第二はその他の同居者，第三は家主，地主又は家屋若しくは土地の管理人となっています（戸87条1項）。

届出義務者の順序は，前記のとおり定められていますが，この順序にかかわらず，後順位の者が届出をすることもできます（同項ただし書）。

なお，届出の義務は課されていないが，同居の親族以外の親族，後見人，保佐人，補助人，任意後見人及び任意後見受任者は届出ができます。これらの者は，届出資格者とされています（同条2項）。

〔注〕 届出期間内に後順位の届出義務者から届出がされた場合，その者は先順位の者が届出をすることができないとき，あるいは届出しないときに初めて届出が認められるというものではないとされていますから，その届出は直ちに受理されます。なお，届出義務者については，届出義務が課されているので届出期間内に届出をしない場合は，届出懈怠の責めを負うことになります。なお，Q17の〔注〕を参照願います。

〔参考文献〕「全訂戸籍届書の審査と受理」41頁以下，「改訂設題解説戸籍実務の処理Ⅶ」84頁以下

Q11

　　死亡届の届出義務者とされている者は，だれが先に届出をしてもよいのですか。

　だれが先に届出してもよいことになっています。
　死亡の届出義務者は戸籍法第87条第1項に定められていますが，後順位の者が，先順位の者より先に届出してもよいとされています（同項ただし書）。
　なお，Q10を参照願います。

Q12

　　死亡届の届出義務の順序が後になっている者が届出したときは，順序が先の者の届出義務は免れるのですか。

　死亡の届出は，死亡の事実を知った日から7日以内（国外で死亡したときは，その事実を知った日から3か月以内）にしなければならないとされています（戸86条1項）。その期間内に後順位者から届出がされたときは，先順位者の届出義務は免除されることになります。
　しかし，届出期間を経過してから後順位者から届出がされたときは，先順位者の届出義務は免れないので，先順位者は届出懈怠の責めを負うことになります。この場合，市区町村長は，先順位者について管轄簡易裁判所への失期通知（戸規65条，標準準則41条）をすべきこととされています（大正3.12.28民1992号回答）。
　なお，正当な理由がなく期間内に届出を怠った者に対する過料は，5万円以下と規定されています（戸137条）。

　〔注〕　届出資格者（戸87条2項）については，届出義務が課されていないので届出懈怠の責めを負わされることはありません。

Q13

死亡届の届出義務者が届出をしないときは、だれが届出をすることになりますか。

死亡届の届出義務者は、戸籍法第87条第1項に定められていますが、その届出義務者が届出をしない場合は、同条第2項に定められている届出資格者、すなわち、同居の親族以外の親族、後見人、保佐人、補助人、任意後見人及び任意後見受任者からの届出が認められます。

なお、届出義務者が法定期間内に届出しない場合、市区町村長は、それを知ったときは、相当の期間を定めて届出義務者に対し、その期間内に届出をすべき旨を催告することになります（戸44条1項）。それでもなお届出をしない場合は、再催告することとされています（同条2項）。

もっとも、死亡届については、届出義務者以外に届出資格者からの届出が認められているので（戸87条2項）、現実的にはそれらの資格者からの届出が考えられますから、催告の手続を要する事例は、それほど多くはないものと考えられます。

〔注〕 同居の親族以外の親族は、従来、死亡の届出をすることができないとされていましたが、昭和51年法律第66号により戸籍法の一部が改正され、同法第87条に第2項が新設され、同居の親族以外の親族も届出資格を有することになりました。さらに、平成19年法律第35号により同条同項に、後見人、保佐人、補助人及び任意後見人が、また、令和元年法律第17号により、任意後見受任者も届出資格者として追加されました。
　　なお、届出義務者に催告しても届出がなく、かつ、届出資格者からの届出もされない場合において、市区町村長は、死亡の事実が証明書等により確認ができるときは、管轄法務局の長の許可を得て職権で戸籍の記載をすることができるとされています（戸44条3項・24条2項）。

Q14

遠隔の地に居住する者が，生家に帰郷中に死亡した場合の届出義務者はだれになりますか。

生家にある親族が，同居の親族として届出義務を負うことになります（昭和31.1.23民事二31号回答）。

なお，Q15及びQ16を参照願います。

Q15

同居していない親族は，死亡届の届出義務者になりますか。

同居していない親族は，届出の義務は課せられていませんが，届出の資格を有するとされています（戸87条2項）。

〔注〕　同居の親族以外の親族は，従来，死亡の届出をすることができないとされていましたが，実際には，同居していない親族が葬儀を執行する場合もあるため，届出義務者として認めるようにとの法改正の要望がされていました。しかし，同居していない親族に死亡届の届出義務を課すことは立法論として適当でないとの回答が示されていました（昭和33.11.7民事二524号回答）。

その後，昭和51年法律第66号により戸籍法の一部が改正され，同法第87条に第2項が新設され，同居の親族以外の親族も届出資格を有することになりました。さらに，平成19年法律第35号により同法の一部が改正され，同条同項に，後見人，保佐人，補助人及び任意後見人が，また，令和元年法律第17号により，任意後見受任者も届出資格者として追加されました。

また，近年，国民の高齢化が進み，福祉施設内で死亡し，届出義務者又は届出資格者がいない事例が多くなったという状況から，このような場合は，死亡届の届出資格者に福祉事務所長を追加する同法第87条についての改正方が要望されていました。

なお，届出人に当たらない福祉事務所長及びこれに準ずる者からの職権記載を促す申出がされた場合，従来は，管轄法務局の長の許可を得て市区町村長が職権で死亡の記載をすることとされていましたが，前記の申出について

は，届出事件本人と死亡者との同一性に疑義がないものについては，あらかじめ戸籍法第44条第3項及び第24条第2項に規定する管轄法務局又は地方法務局の長の許可を包括的に与えられたものとして，許可を得ることなく市区町村長限りの職権記載をして差し支えないこととされています（平成25．3．21民一285号通知）。

Q16

同居の親族の資格で死亡の届出をした場合，届出人と事件本人（死亡した者）の同居の有無を何によって証明することになりますか。

　死亡届の届出人の資格を「同居の親族」と記載して届出をした場合，同居の有無については市区町村長の審査をすべき事項（実質的審査）ではないとされています（昭和34．12．19民事甲2946号回答）。したがって，同居の証明を求められることはありませんので，その証明書を提出又は提示する必要はありません。

　なお，届出人と事件本人が同居に準ずべき生活関係にあった者であれば，同居の親族としての届出が認められるとされています（昭和31．1．23民二31号回答）。

(2)　届出資格者

Q17

死亡した者と離れて住んでいる親族の者に届出義務がありますか。

　同居していない親族には届出義務はないとされていますから，設問の場合，届出義務はありません（戸87条2項）。

　親族について，届出の義務があるのは，「同居の親族」とされてい

ます（同条1項第一）から，設問の場合の親族の者は，「同居の親族以外の親族」ですから届出義務はありませんが，同条第2項の規定により届出資格を有するので，その資格で届出をすることができます。

〔注〕 同居の親族以外の親族は，従来，死亡の届出をすることができないとされていましたが，昭和51年法律第66号により戸籍法の一部が改正され，同法第87条に第2項が新設され，同居の親族以外の親族も届出資格を有することになりました（昭和51.5.31民二3233号通達二）。
なお，Q13の〔注〕を参照願います。

Q18

外国に居住する日本人が死亡した場合，日本国内にいる親族の者に死亡の届出義務がありますか。

日本国内にいる親族は，死亡した者と同居していないときは，死亡の届出義務はありません。しかし，その者は，同居の親族以外の親族に該当しますから，届出義務はないが届出資格を有しますので，届出をすることはできます（戸87条2項）。

なお，事例17を参照願います。

〔注〕 設問の死亡した者と同居する者が日本人の場合は，その者が外国に居住していても戸籍法が適用されますから（属人的効力），届出義務があります（戸87条1項）。また，外国にいる日本人の親族が，死亡した者と同居していない場合は，その者は同居の親族以外の親族として届出資格を有するので，届出ができます（同条2項）。

Q19

外国に居住している元日本人が死亡したとき，日本国内にいる親族の者が死亡の届出をすることになりますか。

日本国籍を有していた者が，外国に帰化する等により日本国籍を喪失している場合は，その者は日本国民ではないので，戸籍法の適用はなく，また，その者の戸籍はないので，戸籍に死亡の記載をするということもありません。したがって，死亡の届出は要しないことになります。

ただし，その者に日本国籍を有する配偶者がある場合には，その配偶者の戸籍に，外国人配偶者が死亡した旨を記載する必要がありますので（「配偶者の死亡による婚姻解消に関する記載」法定記載例141），日本人配偶者はその記載をするため，元日本人であった外国人配偶者が死亡した旨の申出書を提出する必要があります。

なお，事例19を参照願います。

Q20

事件本人（死亡した者）に同居の親族以外の親族がいるが，その者が届出をしないときは，だれが届出をすることになりますか。

届出義務者である同居の親族がいない場合やその他の同居者もいない場合は，家主，地主又は家屋若しくは土地の管理人が届出義務者とされています（戸87条1項第三）。それらの者がいない場合は，届出義務者がいないことになります。

同居の親族以外の親族は，届出義務者ではないが届出資格を有するので（同条2項），事件本人の死亡の届出はできますが，設問は，その

者も届出をしない事例です。その場合は，その者以外の後見人，保佐人，補助人，任意後見人及び任意後見受任者も届出資格者とされていますから，それらの者が届出をすることができます（同条2項）。しかし，これらの者は，同居の親族以外の親族と同様に届出資格を有するが届出義務者ではないので，その者に対し届出の催告をすることはできません（戸44条）。

　以上の届出義務者がいないか又は届出資格者も届出しない場合において，それらの者以外の者から死亡の届出がされたとき，例えば，事件本人の知人，縁故者，その他利害関係人等から届出がされたときは，市区町村長はこれを適法な届出として受理できないし，当然戸籍の記載もできないことになります。

　このような場合は，その届書の提出がされた市区町村長は，当該届書を職権で戸籍の記載をすべき申出書とみて，その届書を資料として管轄法務局の長の許可を得て職権で記載をする手続をすることになるものと考えます（戸44条3項・24条2項，標準準則22条）。

　なお，Q15の〔注〕を参照願います。

〔注〕　戸籍法の一部を改正する法律（平成19年法律35号）の施行により，死亡の届出は，同居の親族以外の親族のほか，後見人，保佐人，補助人及び任意後見人も届出資格者として届出をすることができることとされました。また，令和元年法律第17号による同法の一部改正により，任意後見受任者も届出資格者として届出をすることができることとされています（令和2.4.3民一544号通達）。

〔参考先例〕　大正5.3.23民319号回答，大正14.6.5民事5011号通牒，昭和25.6.20民事甲1722号回答

Q21

同居の親族以外の親族のほかに，届出資格を有する者がいますか。

後見人，保佐人，補助人，任意後見人及び任意後見受任者も届出資格者とされています。

これは，戸籍法の一部を改正する法律（平成19年法律35号）の施行により，同法第87条第2項が改正され，従来の同居の親族以外の親族のほかに，新たに後見人，保佐人，補助人及び任意後見人も死亡の届出ができるとされました。

また，令和元年法律第17号による同法の一部改正により，任意後見受任者も届出資格者として届出をすることができることとされています（令和2. 4. 3民一544号通達）。

Q22

成年被後見人である者の母が死亡した場合，その者は，母の死亡の届出の届出人になることができますか。

死亡の届出は，既成の事実を事後的に届出するものですから，成年被後見人でも届出時に意思能力を有していれば届出ができます。設例の場合，事件本人（死亡した母）と届出人となる成年被後見人の子が，同居している場合は，同居の親族として，また，同居していない場合は，同居の親族以外の親族として届出ができます（戸31条1項ただし書・87条）。

〔注〕　戸籍法上では，意思能力を有する者は，未成年者又は成年被後見人であっても，法定代理人による届出を定めていない限り，本人が届出をすることになります（戸31条・32条）。身分法上，未成年者の意思能力の有無について

は，満15歳以上の者は通常意思能力を有するものとして取り扱われています（例えば，養子縁組についての民797条1項）。

　なお，意思能力とは，自分の行為の意味やその結果の判断ができる精神能力をいうとされています。大体10歳未満の幼児やこれと同等以下の能力の精神上の障がいを有する者，あるいは通常人でも泥酔中，失神中は意思能力がないとされています。意思能力のない者の為した法律行為は無効とされます。

〔**参考文献**〕「初任者のための戸籍実務の手引き（改訂新版第六訂）」5頁，「初任者のための戸籍実務用語ハンドブック」214頁

Q23

事件本人（死亡した者）の妻のいとこは，死亡の届出の届出人になることができますか。

　事件本人の妻のいとこは，民法第725条に規定する親族の範囲内の者に当たらないので，同居の親族又は同居の親族以外の親族の資格では届出ができません。

　しかし，その者がその他の届出資格を有しているとき，例えば，その他の同居者等（戸87条1項第二・第三）であれば届出義務があり，また，後見人等（同条2項）のときは，届出資格がありますので，その資格で届出ができます。

〔注〕　親族の範囲について，民法第725条は，一　6親等内の血族，二　配偶者，三　3親等内の姻族を親族と定めています。設問の妻のいとこは，妻のおじ・おば（3親等の姻族）の子で4親等の姻族になりますので，同条に規定する事件本人の親族の範囲に入らないことになります。

Q24

届出義務者である同居の親族がいる場合に，同居の親族以外の親族（届出資格者）が，死亡の届出の届出人になることができますか。

　死亡の届出は，第一　同居の親族，第二　その他の同居者，第三　家主，地主又は家屋若しくは土地の管理人の順序により届出が義務付けられていますが，この順序にかかわらず届出をすることができるとされています（戸87条1項ただし書）。

　また，同居の親族以外の親族（同居していない親族）も届出をすることができるほか，後見人，保佐人，補助人，任意後見人及び任意後見受任者も届出ができるとされていますが（同条2項），これらの者は届出資格者とされ，届出義務はありません。

　前記のように同居の親族以外の親族は，届出義務はないが届出をするについて特段の制限はありませんので，届出義務者が届出をすることができない場合，又は届出期間内に届出をしていない場合に限って届出ができるというものではありません。したがって，同居の親族がいる場合でも，同居していない親族から死亡の届出ができることになります。

　なお，届出人の資格の「同居」の有無について，市区町村長が実質審査をすべき事項ではないとされています（昭和34.12.19民事甲2946号回答）。Q16を参照願います。

〔**参考文献**〕「全訂戸籍届書の審査と受理」453頁，「改訂設題解説戸籍実務の処理Ⅶ」85頁

(3) 届出人がいない場合

Q25

　死亡の届出をする届出義務者がいない場合で，かつ，届出資格者もいない場合は，死亡の届出の届出人はだれになりますか。

　死亡の事実を知っている者，例えば，事件本人（死亡した者）の知人，縁故者，その他利害関係人等が，死亡を証する書面（死亡診断書又は死体検案書）を添付して，戸籍に死亡事項の記載を求める申出書を市区町村長に提出することになります。

　この申出書は，便宜，死亡届書用紙を利用して死亡の届出をする場合と同様に記載し，届出人欄に前記の事件本人の知人，縁故者，その他利害関係人等が自署・押印（任意）して提出することになります。これを提出するに当たっては，戸籍に死亡事項の記載を求める申出書である旨を明らかにする趣旨で，届書の「その他」欄に，例えば，「届出義務者（又は届出資格者）がいないので，事件本人の知人から届出（申出）をする」旨を記載するのが相当と考えます。

　この申出書が提出された場合，市区町村長は届出をする者が法定の届出人に当たらないことから（戸87条），死亡の届出として受理することができないため，市区町村長はその申出書を職権で戸籍の記載をすべき申出とみて，その申出書を資料として管轄法務局の長の許可を得て職権で記載をする手続をすることになります（戸44条3項・24条2項，標準準則22条）。

〔注〕
　1　届出すべき者がないため，例えば，福祉事務所長及びこれに準ずる者からの職権記載を促す申出がされた場合，従来は管轄法務局の長の許可を得て市区町村長が職権で死亡の記載をすることとされていましたが，前記の申出の場合は，管轄法務局の長の許可はあらかじめ包括的に与えられたものとして，許可を得ることなく市区町村長限りの職権記載をして差し支えないこととされています（平成25.3.21民一285号通知）。なお，Q15を参照願います。

2　戸籍届書における届出人等の押印については，デジタル社会の形成を図るための関係法律の整備に関する法律（令和3年法律37号・令和3．5．19公布）により戸籍法の一部が改正され，これに伴う戸籍法施行規則の一部改正（令和3年法務省令40号・令和3．9．1施行）により，押印義務は廃止されました。なお，同規則の一部を改正する省令においては，明治以来，戸籍届書には押印することとされ，また，重要な文書に押印してきた我が国の慣習や，婚姻の届出には押印をなくすべきではないとの国民の声などを踏まえ，出生届，婚姻届，離婚届及び死亡届に任意に押印することは可能とされました（令和3．8．27民一1622号通達）。

〔参考先例〕　大正5．3．23民319号回答，大正14．6．5民事5011号通牒，昭和25．6．20民事甲1722号回答

(4)　その他

Q26

在外の日本国総領事から死亡報告があった場合，その通知に基づき死亡の記載をすることができますか。

A　日本の在外公館の総領事は，戸籍法第89条に規定する事変による死亡報告をすべき官公署に当たらないとされていますので，当該死亡報告は受理することができないと解されています（昭和50．8．20民二4565号回答）。

したがって，仮に，当該報告書が外務大臣を経由して本籍地の市区町村長に送付されたとしても，その報告書に基づいて戸籍の記載はできないことになりますが，疑義がある場合は，管轄法務局の長の指示を得て処理することになるものと考えます。

設問の事例の場合は，死亡の届出義務者又は届出資格者からの届出によって処理するのが相当とされています（前掲民二4565号回答）。

〔注〕　戸籍法第89条に規定する死亡報告をすべき官公署は，当該事変について取調べをした官公署であって，その取調べについて一応の権限があればよいとされています。例えば，外国水域の海難において，領事が遭難の取調べをしている場合は，死亡報告ができるとする先例があります（大正4．2．19民

224号回答)。

〔**参考文献**〕「改訂設題解説渉外戸籍実務の処理Ⅶ」110頁以下

Q27

戸籍法第93条の死亡の届出で準用する同法第56条の「病院,刑事施設その他の公設所」とは,どのような施設をいうのですか。

　国又は公共団体等が設置した公の施設をいうものと解されています(昭和50.9.25民二5667号回答)。病院の場合は,国,県,市区町村の公立病院等がこれに該当します。また,刑事施設とは刑事訴訟法の規定により,勾留,拘置される者を収容し,必要な処遇を行う施設で刑務所や拘置所が該当するとされています。

　病院,刑事施設その他の公設所で死亡した場合に,死亡の届出義務者等が届出できないときは,公設所の長は,その設置されている目的から届出義務が課せられています(戸93条・56条)。

〔注〕　公設所の長が死亡の届出をする場合は,届出人の出生年月日及び戸籍の表示を届書に記載を要しないとされています(大正4.8.6民1293号回答)。したがって,その場合の届出人欄には,公設所の所在地と公設所の長の職名と氏名を記載し職印を押すことになります。また,戸籍には,公設所名及び公設所の長の職名は記載しないこととされています(大正14.12.12民事10648号通牒,昭和27.1.31民事甲44号回答)。
　　なお,職印の押印については,要しないこととされています。Q126を参照願います。

〔**参考文献**〕「改訂設題解説戸籍実務の処理Ⅶ」51頁以下

Q28

私立病院において親族のいない者が死亡した場合，死亡の届出の届出人はだれになりますか。

　私立病院の長は，戸籍法第93条で準用する同法第56条の公設所の長又は管理人には当たらないので，その資格での届出はできません。

　同病院の長又は管理人は，同法第87条第1項の第三の「家主，地主又は家屋若しくは土地の管理人」の資格を有する者に該当すると解されますから，同人らがその資格で届出義務者として届出の義務を負うことになります（昭和50.9.25民二5667号回答）。

　〔注〕　医療法人又は個人が経営する病院の管理者が家屋管理人として死亡の届出をする場合，届書の届出人欄の住所欄に病院の所在地を記載し，届出人の署名欄に病院の名称並びに管理者の資格及び氏名が記載され，その他欄に「届出人の住所の記載は，病院の所在地である。」旨の記載をしている場合は，届出人欄に届出人の本籍の表示及び生年月日の記載がされていなくても，届出は受理されることになっています（平成22.6.24民一1551号通知）。

〔参考文献〕「改訂設題解説戸籍実務の処理Ⅶ」53頁・84頁

2　届出地

(1)　届出地の原則

　ア　届出事件本人の本籍地

Q29

死亡の届出は，事件本人（死亡した者）の本籍地の市区町村長にすることになりますか。

　届出地について戸籍法第25条第1項の規定は，事件本人の本籍地又は届出人の所在地の市区町村長にすることとしています。また，外国

人が日本国内で死亡したときは，届出人の所在地の市区町村長にすることとしています（同条2項）。

　なお，特例として，死亡の届出は，死亡した地の市区町村長にすることもできます（戸88条1項）。また，死亡地が明らかでないときは，遺体が最初に発見された地の市区町村長に，汽車その他の交通機関の中で死亡したときは，遺体をその交通機関から降ろした地の市区町村長に，航海日誌を備えていない船舶の中で死亡したときは，その船舶が最初に入港した地の市区町村長にそれぞれすることとしています（同条2項）。航海日誌を備えている船舶の中で死亡したときは，船舶が日本の港に着いたときはその地の市区町村長に，船舶が外国の港に着いたときは，その国に駐在する日本の大使，公使又は領事にそれぞれ航海日誌の謄本を送付することとしています（戸93条・55条）。

　また，事変によって死亡した者の死亡報告（戸89条），刑事施設に収容中に死亡した者で引取人がない場合の死亡報告（戸90条2項），本籍が明らかでない者・認識することができない者の死亡報告（戸92条1項）は，死亡地の市区町村長にすることとしています。

〔注〕　所在地とは，届出人の届出当時の住所地だけでなく，居所や一時的な滞在地も含まれるとされています（明治32.11.15民刑1986号回答，昭和27.11.14民事甲629号回答）。

〔**参考文献**〕　「全訂戸籍届書の審査と受理」52頁以下，「改訂設題解説戸籍実務の処理Ⅱ」206頁以下

Q30

　死亡の届出は，事件本人（死亡した者）の居住していた住所地の市区町村長にすることができますか。

　死亡の届出を事件本人の住所地でするとの規定はありませんが，事件本人の住所地がその者の死亡地であれば，死亡の届出は死亡地でも

できるとされているので（戸88条1項），その地の市区町村長にすることができます。

　また，届出人の所在地が事件本人の住所地と同じであれば，死亡の届出は届出人の所在地ですることができるとされていますので（戸25条1項），同様にその地の市区町村長にすることができることになります。

　住所地での届出については，戸籍法第25条第1項では「届出人の所在地」と規定し，この所在地については，住所地を含む広い概念とされています（明治32.11.15民刑1986号回答，昭和27.11.14民事甲629号回答）。したがって，住所地での届出については，届出人について問題になりますが，事件本人の住所地で届出するとの規定はありません。ただし，冒頭に述べたとおり，それが事件本人の死亡地であるときや届出人の所在地であるときは，その地での届出ができることになります。

〔注〕　届出人の所在地とは，一時的な滞在地を含むとされていますから，例えば，仕事又は旅行等のため一時的に滞在する者の居所も所在地とされます（前掲民刑1986号回答・民事甲629号回答）。したがって，葬儀等のため一時的に死亡した者の住所地に滞在している場合には，死亡者の住所地の市区町村長にも届出ができます。その場合は，一時的滞在地で届出をする旨を死亡届書の「その他」欄に記載し，届出地に誤りがないことを明らかにします。

Q31

死亡地を甲市とする死亡の届出を甲市長が受理し，本籍地の丙市長が戸籍の記載をしたところ，同一人について死亡地を乙市とする死亡届があった場合，どのように処理することになりますか。

　設問は，届出人が異なる事例と考えられますが，同一人について死亡地を甲市とする届出と乙市とする届出がされ，本籍地の丙市長は先に通知された死亡地を甲市とする届書によって戸籍の記載を終了した

場合になります。

　既に戸籍の記載が終了した後に，同一人の死亡届書が他市区町村長にあり，通知がされた場合，その通知によって本籍地の市区町村長が戸籍の記載をすべき余地はないので，戸籍の記載を要しない通知として処理するほかないことになります。

　この場合，死亡した者の死亡地の記載に錯誤がある場合（死亡地が甲市ではなく乙市のとき）は，戸籍訂正申請により訂正をすることになります（戸113条）。

　イ　届出人の所在地

Q32

死亡の届出は，届出する者の所在地の市区町村長にすることができますか。

　できます。
　戸籍法第25条第1項の規定は，届出は事件本人（死亡した者）の本籍地又は届出人（届出する者）の所在地の市区町村長にすることになっています。設問の場合は，届出人の所在地の市区町村長にすることとしていますから，当然できることになります。

〔注〕　所在地とは，届出人の届出当時の住所地だけに限らず，届出人の居所や一時的な滞在地も含まれるとされています（明治32.11.15民刑1986号回答）。

〔参考先例〕　昭和27.11.14民事甲629号回答

ウ　事件発生地

Q33

死亡の届出は，死亡した地の市区町村長にすることができますか。

できます。

　死亡の届出地については，Q32で述べたように，戸籍法第25条第1項の規定は，事件本人（死亡した者）の本籍地又は届出人の所在地の市区町村長にしなければならないとされています。

　なお，特例として，同法第88条第1項の規定は，死亡の届出は，死亡した地の市区町村長にすることができるとしていますので，設問の場合は，死亡地の市区町村長にすることができます。

〔注〕　従前は，出生及び死亡の届出は，出生地及び死亡地に限定されていました（昭和45年法律12号による戸籍法の一部改正前の同法51条・88条）。この昭和45年の改正により出生及び死亡の届出についても，他の届出と同様に同法第25条の規定のとおり，届出事件の本人の本籍地は届出人の所在地でしなければならないこととされ，特例として，出生地及び死亡地の市区町村長にも届出ができることとされました（昭和45.3.30民事甲1263号通達）。

Q34

海岸に漂着した死亡者又は河川を漂流している死亡者の死亡の届出は，どこの市区町村長にすることになりますか。

　設問の場合，死亡地で届出をする場合は，死亡した地が明らかでないということが考えられますので，遺体が最初に発見された地の市区町村長に届出することになります（戸88条2項）。

　なお，届出地の原則は，事件本人（死亡した者）の本籍地又は届出人の所在地とされていますので（戸25条），それらの市区町村長に死亡届

出をすることもできますが，設問の場合には，死亡した者の本籍が明らかでない場合又は死亡した者を認識することができない場合（すなわち，身元不明者の死亡の場合）が考えられます。その場合は，警察官は，死亡地（死体が最初に発見された地）の市区町村長に検視調書を添付して，死亡報告をすることとされています（戸92条1項）。

〔注〕　なお，死亡報告書に添付する検視調書として，従来，その死体が犯罪に起因しないことが明らかなものであるときは，検視調書に代えて「死体見分調書」を添付することことができるとされていました（「死体取扱規則」（昭和33年国家公安委員会規則4号）4条，昭和42. 8. 11民事甲2200号通達）。
　　　ところが，前記の「死体取扱規則」は，平成25年国家公安委員会規則第4号をもって同規則の全部を改正の上新しい「死体取扱規則」が制定され，平成25年4月1日から施行されました。
　　　新規則によれば，戸籍法第92条第1項に規定する死亡報告書に添付する検視調書として「本籍等不明死体調査書」が添付されて行われることになりました（同規則7条1項・別記様式4号）。また，同法第92条第2項に規定する報告は，新規則の別記様式5号の「死亡者の本籍等判明報告書」により行われることになりました（同規則7条2項，平成25. 3. 25民一305号通達）。
　　　これにより前掲民事甲第2200号通達等の従前の取扱いは，変更又は廃止されました（前掲民一305号通達）。

〔参考先例〕
　　1　旧法中の戸籍の先例は，設問の事例のような場合，死体漂着地の市町村長に報告すべきとされています（大正3. 11. 9民915号回答）ので，現在と同じ取扱いになります。
　　2　旧戸籍法（大正3年法律26号）第122条の規定は，現行戸籍法第92条の規定とほぼ同様でした。当時の戸籍先例は，設問の事例のような場合で，死亡者の本籍が不分明又は死亡者を認識することができないときは，漂流又は漂着地を死亡地とみなすとされています（大正4. 1. 22民2009号回答3）。

Q35

乗船が難破して死亡した者の死亡の届出は、どこの市区町村長にすることになりますか。

死亡地で届出をする場合は、乗船が難破した現場の最寄りの市区町村が死亡地であれば、同地の市区町村長に届出をすることになります（昭和22.5.16民事甲391号回答）。

なお、届出地の原則は、事件本人（死亡した者）の本籍地又は届出人の所在地とされていますので（戸25条）、それらの市区町村長にすることもできます。

設問の場合、その事変について取調べをした官公署が死亡報告をする場合は、死亡地の市区町村長にしなければなりません（戸89条）が、その最寄りの市区町村が判別できないときは、死亡した者の本籍地の市区町村長にすることとされています（昭和25.7.1民事甲1677号通達）。

〔注〕　海難等により死亡した者がある場合、その事変の取調べをした官公署は、死亡地の市区町村長に死亡の報告をすることになります（戸89条）。これは、事変による死亡者については、届出人からの通常の死亡の届出が期待できないことが考えられるため、取調べをした官公署の資料に基づく報告によって処理するのが正確を期することができるためとされています。
　　　しかし、その報告が認められる場合であっても、その報告前に届出義務者から死体検案書を添付して死亡の届出がされたときは、その届出を受理し戸籍の記載をすることとされています（昭和24.9.24民事甲2201号回答）。その後に取調べをした官公署から報告があったときは、届出による戸籍の記載と対照し、戸籍の記載に錯誤がある場合は戸籍訂正を要することになります。また、前記の報告は、戸籍の記載を要しない書類として保存することになります（戸規50条）。

Q36

海難等による行方不明者で死亡と認定した場合の死亡報告は,どこの市区町村長にすることになりますか。

死亡地を推定することが可能な場合で,最寄りの市区町村を判別できるときは,当該地の市区町村長に報告することになります。その最寄りの市区町村を判別することが困難なときは,死亡と認定した者の本籍地の市区町村長にすることになります(昭和25.7.1民事甲1677号通達)。

〔注〕 死亡認定事務取扱規程(昭和28.7.7海上保安庁通達17号・最近改正平成25.5.10訓令9号)第10条

Q37

海難により死亡した者の死亡の届出が,同居の親族から死体検案書等を添付して届出する場合,どこの市区町村長にすることになりますか。

死亡の届出は,死亡地でもすることができますから(戸88条),死亡した最寄りの市区町村長にすることができます。また,届出地の原則は,戸籍法第25条第1項に規定されているように,事件本人(死亡した者)の本籍地又は届出人の所在地とされていますので,それらの市区町村長にすることもできます。

なお,海難による死亡の報告等は,その取調べをした官公署が死亡の報告をすることになっていますが,その報告は,死亡地の市区町村長にすることとされています(戸89条)。

〔参考先例〕 昭和24.9.24民事甲2201号回答

エ　その他

Q38

　海上で死亡した者の死亡の届出は，その遺体を収容した船が入港した地の市区町村長にすることになりますか。

A　死亡の届出を届出義務者等がする場合は，死亡地での届出ができますから（戸88条1項），遺体を収容した船が入港した地が，死亡した最寄りの市区町村であれば，同地の市区町村長に届出をすることができます（昭和22.5.16民事甲391号回答）。

　また，遺体を収容した海上から最も近距離にある市区町村長に届出するのが相当と考えられますが（前掲民事甲391号回答），船が同地より離れた地に入港した場合は，その入港した地の市区町村長に届出しても差し支えないとされています（昭和28.2.21民事甲249号回答）。

　なお，届出地の原則は，事件本人（死亡した者）の本籍地又は届出人の所在地とされていますので（戸25条），それらの市区町村長にすることもできます。

Q39

　海難による行方不明者の死亡報告は，死亡の場所の最寄りの市区町村が容易に判別できる場合は，その市区町村長に報告することになりますか。

A　死亡の場所が容易に判別できる場合は，その市区町村長に報告することになります。

　海難等により死亡した者がある場合，その取調べをした官公署は死亡地の市区町村長に報告することとされています（戸89条）。設問においては，死亡の場所が最寄りの市区町村であることが容易に判別でき

るとしていますから，その市区町村長に報告することになります（昭和28.12.1民事甲2264号回答）。

なお，その最寄りの市区町村を判別することが困難なときは，死亡と認定した者の本籍地の市区町村長にすることとされています（昭和25.7.1民事甲1677号通達）。

〔注〕 死亡認定事務取扱規程（昭和28.7.7海上保安庁通達17号・最近改正平成25.5.10訓令9号）第10条

Q40

漂流遺体の死亡場所が，死体検案の結果判明した場合でも，遺体漂流地の市区町村長に死亡の届出をすることができますか。

　死亡の届出を届出義務者等がする場合，戸籍法第88条第1項の規定は，死亡地で届出をすることができるとされています。設問においては，死体検案書で死亡場所が判明するとされているので，同条の規定によれば死亡地最寄りの市区町村長にすることになります。

ただし，戸籍の先例は，設問のように死亡地と遺体漂流地が異なる市区町村の場合は，死亡の届出と遺体の埋火葬許可手続を考慮し，遺体漂流地の市区町村長に届出をする取扱いをして差し支えないとしています（昭和37.12.21民事甲3677号回答）。

なお，海岸に漂着した死亡者又は河川を漂流している死亡者について，死亡地が明らかでないときは，死体が最初に発見された地の市区町村長に届出することとされています（戸88条2項）。

また，届出地の原則は，事件本人（死亡した者）の本籍地又は届出人の所在地とされていますので（戸25条），それらの市区町村長にすることもできます。

(2) 在外公館への届出

Q41

外国に居住する日本人が死亡したときは，死亡の届出はどこにすることになりますか。

外国に在る日本人が，外国で死亡したときは，届出人は，その国に駐在する日本の大使，公使又は領事に死亡の届出をすることができます（戸40条）。この場合，届出人は事件本人（死亡した者）の本籍地の市区町村長に届書を郵送による方法で届出することもできます（戸47条）。

〔注〕　戸籍法は，日本人の身分に関する事項が国内で発生したか外国で発生したかを問わず適用されます（属人的効力）。したがって，日本人が外国で死亡した場合には，戸籍法の規定により届出人に死亡の届出をすべき義務が生じます（戸86条1項）。

また，外国に居住する日本人が戸籍の届出をする場合，届出人の便宜のため，一定の範囲に限って（民741条，戸40条），その国に駐在する大使，公使又は領事（一般的に「在外公館」の長という。）に届出をすることができるとされています。

さらに，戸籍法は届出について届出人の出頭（当事者出頭主義）を求めていないので，届出人が市区町村（在外公館を含む。）の窓口に出頭して届書を提出する必要はありません（明治31.7.26民刑569号回答）。また，同法は届書を郵送する方法も認めていますから（戸47条），外国にある日本人は，本籍地の市区町村長に届書を郵送して届出することができます。あるいは，他人（第三者）を使者として届書を持参させて提出（届出）することもできます。

〔参考文献〕　「改訂設題解説戸籍実務の処理Ⅱ」388頁以下，「改訂設題解説戸籍実務の処理Ⅶ」64頁以下

Q42

外国に旅行中の日本人が死亡したときは，死亡の届出はどこにすることになりますか。

　設問の場合，死亡した者は外国に在る日本人ということになるので，戸籍法第40条の規定によって，その国に駐在する日本の大使，公使又は領事に死亡の届出をすることができることになります。

　一方，国外で死亡した者については，死亡の届出義務者は，死亡の事実を知った日から3か月以内に届出をしなければならないとされています（戸86条1項）。その届出を日本おいてするときは，戸籍法第25条に規定する届出地の一般原則によって，事件本人（死亡した者）の本籍地又は届出人の所在地の市区町村長にすることができることになります。

〔注〕　アメリカ合衆国ハワイ州で行方不明となった者の死亡届について，届出義務者等から同州第3巡回裁判所の死亡認定の判決に基づき，同州衛生局が発行した死亡証明書を死亡の事実を証する書面として添付した届出が，在外日本公館にされた事案において，同証明書を死亡の事実を証する書面と認定し，当該届出を受理することができるとされた事例があります（平成23.4.19民一1002号回答）。

〔参考文献〕　「戸籍」857号81頁

3 届出期間

(1) 国内の場合

Q43

死亡の届出は，何日以内に届出をすることになりますか。その期間はいつから起算しますか。

A　死亡の届出義務者は，死亡の事実を知った日から7日以内に死亡の届出をしなければならないとされています（戸86条1項）。

　また，外国で死亡した場合は，死亡の事実を知った日から3か月以内に死亡の届出をしなければならないとされています（同条同項）。国外での死亡の場合は，Q46以下を参照願います。

　届出期間の起算点は，死亡の事実を知った日からになります。したがって，死亡した者と同居している者が届出義務者である場合は，通常は死亡の日が事実を知った日になると考えられますから，その日から起算します。それ以外の者が届出義務者であるときは，死亡の事実を知った日は，死亡した日より遅れることがあり得ます。その場合は，その知った日から起算して届出期間が決まります。

Q44

死亡してから10日後に発見された者の死亡の届出は，いつまでに届出をすることになりますか。

A　死亡の届出期間は，死亡の事実を知った日から7日以内とされています（戸86条1項）ので，設問の事例では，死亡してから10日後に発見された日が，届出義務者が死亡の事実を知った日であれば，届出は，その日から起算して，7日以内に届出をすることになります。

Q45

水難，火災等の事変に遭遇して死亡した蓋然性が高いが，遺体が発見されない場合，親族等から死亡の届出をすることができますか。又は取調べ官公署からの死亡の報告によるべきですか。

事変による死亡の場合であっても，通常の死亡の届出ができます。設問の場合も，事案によって届出ができる場合も考えられます（後掲〔注〕の3参照）。しかし，当該事変につき取調べをした官公署からの死亡報告によるのが一般的と考えられます。

水難，火災その他の事変により死亡した者がある場合において，遺体が発見され，その死亡を確認することができる場合もありますが，事変という特殊な事情の場合は，遺体が発見されない場合もあり得ます。そして，そのような場合でも，四囲の状況から死亡したことの確率が極めて高く，生存しているとは到底考えられない場合が生じます。

このように，不慮の事変に遭遇して死亡したことが確実と認められる者については，失踪宣告の審判の手続を経るまでもなく，事変の取調べをした官公署の直接の資料に基づく報告によって（戸89条），戸籍に死亡の記載ができる取扱いが認められています。これがいわゆる「認定死亡」といわれるものです（昭和33.2.1民事甲229号回答）。この場合の報告は，取調べをした官公署等が取調べ後に遅滞なく行うことになるものと考えられます（同条）。

〔注〕
1 戸籍先例上における認定死亡の事例（抄）
①炭鉱爆発事故で被災者の遺体は発見されないが，四囲の状況から死亡したと認められる場合（大正4.6.12民784号回答），②空襲などの戦災で遺体が多数あり，個々の遺体の所在が判明しない場合（昭和19.5.26民事甲385号回答），③南極観測隊員が作業中に暴風雪のため遭難し行方不明で死亡したと認められる場合（昭和35.10.25民事甲2660号回答），④航空機が海中に墜落し，搭乗者の遺体は発見されないが，四囲の状況から死亡したと認めら

れる場合（昭和37.12.3民事甲3513号回答）

2　海上保安庁は，同庁が取り調べた船舶の遭難，投身，転落その他海上における事故による行方不明者の死亡認定に関する死亡報告（戸89条）等の事務処理をするため「死亡認定事務取扱規程」（昭和28.7.7海上保安庁通達17号・最近改正平成25.5.10訓令9号）を制定しています。

　同規程第4条において，死亡認定を行う要件として，①海上保安庁が取り調べた行方不明者であること，②行方不明者の親族（婚姻の届出をしないが事実上配偶関係と同様の事情にある者を含む。）から死亡認定の願出があったこと，③行方不明者の被服又は携帯品，遭難船舶，遭難船舶の破片，ぎ装品又は属具等の現存，海難の現認者の証言等行方不明者の死亡を確認するに足りる証拠品がある場合か，又は行方不明者の乗船していた船舶が遭難したことが確実である場合であって，四囲の状況をも考慮するときその行方不明者が生存しているとは考えられないものであること（単に消息を絶ち，生死が分明でないというだけでは足りない。），④海難発生の時から3か月以上を経過したものであること，とされています。

　以上の要件のうち，②の行方不明者の親族からの死亡認定の願出を要するとしているのは，本人が死亡したことが確実と認められても，その遺体が発見されていないことから，遺族の感情を考慮して，その申出がない者についてまで一律に死亡報告をすることを避ける趣旨とされています（昭和33.2.1民事甲229号回答）。

3　平成23年3月11日の地震及び津波により多くの死者及び行方不明者が発生した東日本大震災においては，死亡した遺体未発見者の死亡の届出が問題になりました。

　この遺体未発見の行方不明者についての死亡の届出について，法務省はその取扱についての通知文書「東日本大震災により死亡した死体未発見者に係る死亡届の取扱いについて（通知）」（平成23.6.7民一1364号通知）を発出しています。

　同通知は，遺体の未発見の行方不明者の死亡の届出について，届出人の負担軽減を図るとともに，届出の事務処理を円滑に行う必要があるとの観点から，その取扱いを示しています。その主な内容は，①死亡届に死亡診断書又は死体検案書が添付できない場合の戸籍法第86条第3項の「死亡の事実を証すべき書面」，②死亡と認められるとして死体未発見者を事件本人とする死亡届に添付すべき「死亡の事実を証すべき書面」，③それらの死亡届がされた場合の市区町村長の取扱い，④死亡届書の「死亡したとき」欄の記載及び「死亡したところ」欄の記載，⑤届出人の申述書，⑥事件本人の被災した目撃状況の申述書，⑦市区町村職員の情報提供書が示されています。なお，その詳細については，同通知を参照願います。

〔**参考先例**〕　昭和27.10.22民事甲511号通達，昭和28.7.24民事甲1268号通達

〔**参考文献**〕「滅失戸籍再製の実務」110頁以下,「戸籍」857号73頁以下（平成23年6月号「落葉」),「改訂設題解説戸籍実務の処理Ⅶ」11頁以下

(2) 国外の場合

外国で死亡した日本人の死亡の届出は、何日以内に届出をすることになりますか。その期間はいつから起算しますか。

A　外国で死亡した場合は、死亡の事実を知った日から3か月以内に死亡の届出をしなければならないとされています（戸86条1項）。届出期間の3か月以内の起算点は、死亡の事実を知った日からになります。外国で死亡した者と同居している者が日本人の場合は、届出義務者となりますが、その者は、通常は死亡の日が事実を知った日になると考えられます。

死亡した者の親族が日本に居住していて外国に居住していない場合は、その親族は届出資格を有することになりますが（戸87条2項）、死亡の事実を知った日は死亡した日より遅れることがあり得ると考えられます。その場合の届出期間の起算点は、死亡を知った日から起算して届出期間が決まります。

外国で事故により死亡した日本人が、死亡してから1か月後に発見された場合、その届出は、いつまでにすることになりますか。

A　設問は、事故で死亡して1か月後に発見され、死亡の届出人がその発見された日に死亡の事実を知った場合であれば、その日から3か月

以内に死亡の届出をしなければならないことになります（戸86条1項）。

Q48

外国で事故により死亡した蓋然性が高いが，遺体が発見されない場合の死亡の届出は，どのようになりますか。

　設問の場合，死亡の届出をするときに，死亡診断書又は死体検案書若しくは死亡の事実を証すべき書面（戸86条2項・3項）の添付は困難となることが予想されます。それらの書類の添付ができない場合は，死亡の届出はできないことになります。

　また，事変による死亡の場合は，死亡報告（戸89条）が考えられますが，外国における事変においては，その取調べは通常は当該外国の官公署等がすることになり，その官公署には戸籍法の適用はありませんから，戸籍法に規定されているような死亡の報告がされることはないと考えられます。

　前記のことから設問の場合は，死亡の事実が確認できないため，死亡の届出はできないことになり，仮に届出があったとしても受理されないことになります（昭和37.9.28民事甲2791号回答）。

　設問の場合は，失踪宣告の手続をし（民30条・31条，家事法148条），その審判を得て戸籍の処理をすることになるものと考えられます（前掲民事甲2791号回答）。

　〔注〕　外国の水域で海難によって死亡したと認められるような事変については，その取調べは通常は当該外国の官公署等がするものと考えられます。ただし，そのような場合でも，日本の領事が遭難の取調べをしている場合は，戸籍の先例は，領事からの死亡報告ができるとされています（大正4.2.19民224号回答）。

　　　また，外国で行方不明になった者の死亡届に，同地の裁判所の死亡認定の判決に基づき同地の官公署が発行した死亡証明書を死亡の事実を証する書面として添付した届出について，当該届出を受理することができるとした事例

4 届出の書式 41

があります（平成23.4.19民一1002号回答）。

〔**参考文献**〕「改訂設題解説渉外戸籍実務の処理Ⅶ」110頁以下，「戸籍」857号81頁

4 届出の書式

(1) **届出事項**

死亡の届書には，どのような事項を記載するのですか。

死亡届の様式は，戸籍法第28条及び同法施行規則第59条に規定されていますから，その様式の各欄に記載する事項が，届出すべきものになります。

具体的には，一般的な記載事項は戸籍法第29条に定められています。それ以外の死亡届に特有なものは，同法第86条第2項に規定する事項及び同法施行規則第58条に規定する事項になります。

なお，事例1以下を参照願います。

〔注〕 死亡届書に記載すべき事項は，次のように規定されています。
1 戸籍法第29条〔届書の記載事項〕
　　届書には，次の事項を記載し，届出人が，これに署名しなければならない。
　一 届出事件
　二 届出の年月日
　三 届出人の出生の年月日，住所及び戸籍の表示
　四 届出人と届出事件の本人と異なるときは，届出事件の本人の氏名，出生の年月日，住所，戸籍の表示及び届出人の資格
（参考1）
　　戸籍届書における届出人等の押印については，デジタル社会の形成を図るための関係法律の整備に関する法律（令和3年法律37号・令和3.5.19公

布）により戸籍法の一部が改正され，これに伴う戸籍法施行規則の一部改正（令和3年法務省令40号・令和3.9.1施行）により，押印義務は廃止されました。なお，同規則の一部を改正する省令においては，明治以来，戸籍届書には押印することとされ，また，重要な文書に押印してきた我が国の慣習や，婚姻の届出には押印をなくすべきではないとの国民の声などを踏まえ，出生届，婚姻届，離婚届及び死亡届に任意に押印することは可能とされました（令和3.8.27民一1622号通達）。

(参考2)

　行政手続における特定の個人を識別するための番号の利用等に関する法律等の一部を改正する法律（令和5年法律48号・令和5.6.9公布）により戸籍法の一部が改正され，戸籍には，本籍のほか，「氏名の振り仮名」を記載しなければならないこととされ（戸13条），これに併せて届書の記載事項（戸29条）として，「届出事件の本人の氏名及び氏名の振り仮名」が追加されています。なお，当該改正の施行日は，公布の日（令和5.6.9）から起算して2年を超えない範囲内において政令で定める日（令和7.5.26）とされています。

2　戸籍法第86条〔死亡の届出〕（第1項・第3項省略）
　　②　届書には，次の事項を記載し，診断書又は検案書を添付しなければならない。
　　一　死亡の年月日時分及び場所
　　二　その他法務省令で定める事項
3　戸籍法施行規則第58条〔死亡届書の記載事項〕（柱書省略）
　　一　死亡者の男女の別
　　二　死亡者が外国人であるときは，その国籍
　　三　死亡当時における配偶者の有無及び配偶者がないときは，未婚又は直前の婚姻について死別若しくは離別の別
　　四　死亡当時の生存配偶者の年齢
　　五　出生後30日以内に死亡したときは，出生の時刻
　　六　死亡当時の世帯の主な仕事並びに国勢調査実施年の4月1日から翌年3月31日までに発生した死亡については，死亡者の職業及び産業
　　七　死亡当時における世帯主の氏名

(2) 書面による届出

Q50

死亡の届出は，書面によらなければならないですか。

　届出は，書面又は口頭ですることができるとされています（戸27条）。したがって，書面による届出に限られているものではありませんが，一般的には書面による届出によって行われています。
　また，届出は，オンラインシステムを使用する方法によることも認められています。
　口頭による届出の場合については，Q53を，オンライン申請については，Q57〜63を参照願います。

Q51

死亡の届出を書面でする場合の様式は，決められていますか。

　死亡届の様式は，戸籍法第28条及び同法施行規則第59条に規定されています。したがって，届出を書面でする場合は，その定められた様式によってすることになります。

Q52

死亡届の用紙をコピーすると「複写」，あるいは「偽造・複写防止」と写出される措置がされていますが，この用紙を使用して届出ができますか。

　死亡届の用紙は，市役所，区役所又は町村役場（以下「市区町村役場」という。）の戸籍の窓口に備え付けられています（市区町村役場に，支所・出張所等の出先機関があるときは，一般的にはそこの窓口にも備え付けられています。）から，その用紙を使用するのが便宜と思われます。

　また，戸籍法の一部を改正する法律（令和元年法律17号・令和6.3.1施行）により，市区町村長は，届書等を受理した場合には，当該届書等の画像情報を作成し，これを電子情報処理組織を使用して，法務大臣の使用に係る戸籍情報連携システムに提供することとされ（戸120条の4第1項，戸規78条の2第1項），届書の用紙は，市区町村長が複写機により複写することに適するものでなければならないとされています（戸規59条の2）。なお，「複写機により複写することに適するもの」とは，複写機により複写することに適することのみならず，画像情報を作成するためのスキャナによる読み取りに適することも含まれるとされています。

　したがって，設問のような用紙の使用は，望ましくないものと考えます。

(3) 口頭による届出

Q53

死亡の届出を口頭でする場合は、どのようにすることになりますか。

届出は、書面又は口頭ですることができるとされていますから（戸27条）、口頭で届出をする場合は、次のようになります。

口頭による死亡の届出の場合は、届出人が、市区町村役場に出頭して、届書に記載すべき事項を陳述することになります（戸37条1項）。届出人の陳述事項は、市区町村長（実際は戸籍事務担当者）が届書の用紙の各欄に筆記し、届出の年月日を記載して届出人に読み聞かせることになります。その内容が口頭での陳述どおりであれば、届出人は届書に署名・押印（任意）することになります（同条2項）。また、死亡届の届出人が病気その他の事故で出頭することができないときは、代理人を選任し、その者が代理権限を証する書面を提出し（標準準則26条）、口頭で届出することになります（戸37条3項）。

死亡の届書の用紙は、左半分が届書で右半分が死亡診断書（又は死体検案書）になっているので、口頭による届出の場合は、届書記載前に医師の作成した診断書等のある届書用紙を持参して、口頭による届出手続をすることになります。当然のことですが届書と証明書等の記載内容は一致している必要があります。

〔注〕
1 届書は使者に託して届出もできるので、口頭による死亡の届出又は代理人による口頭の届出は、多くないものと考えられます。
2 代理権限を証する書面を提出して、口頭による届出は、届出人である本人又は法定代理人の意思が重要となる任意認知（戸60条）、胎児認知（戸61条）、縁組（戸66条）、代諾縁組（戸68条）、離縁（戸70条）、協議離縁（戸71条）、死後離縁（戸72条）、婚姻（戸74条）、協議離婚（戸76条）の各届出については認められていません（戸37条3項ただし書）。

〔参考文献〕「全訂戸籍届書の審査と受理」98頁以下、「初任者のための戸籍実務

の手引き（改訂新版第六訂）」4頁

5　届出の方法

(1)　届出人による届出

Q54

　死亡の届出は，届出人が届出地の市区町村役場に出向いてすることになりますか。

　戸籍の届出については，届出人が，市区町村役場の窓口に出頭して届出をするという，いわゆる当事者出頭主義を採っていないので，届出人が市区町村役場に出向いて届出をする必要はありません（明治31. 7. 26民刑569号回答）。したがって，届出人名義で作成された届書を，届出人の使者が役場に出向いて提出することもできます。また，届出人が郵送等によって届出することもできます（戸47条）。

　なお，この場合の使者は，届出人に代わって届書を持参して市区町村役場に提出する伝達機関にすぎないものと解され，自ら法律行為について意思決定をする代理人とは異なりますので，委任状の必要はないとされています（明治31. 10. 1 民刑813号回答9）。

〔注〕　届出が市区町村役場に出頭した者によってなされた場合における本人確認については（戸27条の2第1項・2項），死亡の届出は対象とされていません。

〔参考文献〕　「初任者のための戸籍実務の手引き（改訂新版第六訂）」3頁以下

(2) 使者による届出

Q55

　死亡の届出は，届出人が署名して，使者（使いの者）に託して届出をすることができますか。

A　使者による届出はできます。
　なお，Q54を参照願います。

(3) 郵送による届出

Q56

　死亡の届出は，届出人が署名して，郵送（郵便・信書便）により届出をすることができますか。

A　郵送（郵便・信書便）による届出はできます。
　戸籍の届出は，届出人の所在地の市区町村長にすることもできますし（戸25条1項），郵送によって事件本人（死亡した者）の本籍地又は届出人の所在地の市区町村長に届出することもできます（戸47条）。

〔注〕　郵送による届出の場合において，届出人が届書の発送後，その届出の受理前に死亡したとしても市区町村長は，その届出を受理しなければなりません（戸47条1項）。この場合は，届出人が死亡した時に届出があったものとみなすとされています（同条2項）。
　　前記の場合，届出人の死亡について受理当時すでに明らかになっている場合と，受理後に明らかになる場合があります。いずれの場合においても，当該届出を受理した市区町村長は，その処理について管轄法務局の長に指示を求めるものとされています（昭和28. 4. 15民事甲597号通達）。これは，死亡した時に届出があったものとみなすという取扱いがされることから，戸籍事務の処理の適正化を確保するためであるとされています。

〔**参考先例**〕　昭和33. 4. 26民事二発203号回答，昭和39. 2. 13民事甲317号回答

〔**参考文献**〕　「初任者のための戸籍実務の手引き（改訂新版第六訂）」3頁以下，

「詳解処理基準としての戸籍基本先例解説」407頁

(4) オンラインシステムによる届出

Q57

オンラインシステムを使用して死亡の届出を届出する場合は，どのような方法ですることになりますか。

　戸籍に関する届書のオンライン化については，平成14年の行政手続等における情報通信の技術の利用に関する法律（平成14年法律151号）が制定され，同法の施行に伴う関係法律の整備等に関する法律（平成14年法律152号）により戸籍法の一部が改正されました。これを受けて，平成16年に戸籍法施行規則の一部改正（平成16年法務省令28号）により，第4章の2として「電子情報処理組織による届出又は申請等の特例」の一章（戸規79条の2〜79条9）が追加されるとともに（その後，令和6年法務省令5号により，第4章の3に改められています。），平成16年4月1日付け法務省民一第928号通達（なお，同通達は，令和6.2.26民一503号通達が発出されたことにより，廃止されています。以下の解説は，503号通達に従って説明します。）によりオンライン申請が可能になりました。

　届書のオンライン申請をする場合は，戸籍法又は戸籍法施行規則において，届書若しくは申請書に記載すべきこととされている事項に係る情報をオンライン申請者の使用に係る電子計算機から入力し，戸籍法第118条第1項の電子情報処理組織に送信することになります（戸規79条の3第1項前段）。

　また，上記の届出等情報を送信する場合において，戸籍法又は戸籍法施行規則において届出等の際に添付し，又は提出すべきとされている書面等があるときは，当該添付書面等に代わるべき情報を併せて送信することとされています（戸規79条の3第1項後段）。なお，添付書面等を別途送付する方法又は市区町村の窓口に提出する方法は認められていません。

〔注〕 届出のオンライン申請の実施については，各市区町村の対応が整備されるに従い徐々に実施されていくものと思われます。

〔**参考先例**〕 令和6．2．26民一503号通達

Q58
死亡の届出のオンライン申請の際の本人確認は，どのような方法によって行われるのですか。

　届出等情報には，届出をする者が電子署名（電子署名及び認証業務に関する法律（平成12年法律102号）第2条1項に規定する電子署名をいう。以下同じ。）を行わなければならないとされています（戸規79条の3第2項前段）。また，証人を必要とする事件の届出については，その証人も電子署名を行わなければなりません（戸規79条の3第2項後段）。なお，電子署名を行うべき者が複数ある場合には，それぞれ個別に電子署名を行わなければならないことになります（令和6．2．26民一503号通達）。

　また，添付書面情報への電子署名については，作成者（認証を要するものについては，作成者及び認証者）による電子署名が行われたものでなければなりません（戸規79条の3第3項）。

Q59
オンラインシステムによる届出の場合，本人確認のための電子署名を行った者を確認するための電子証明書とは，どのようなものですか。

　オンライン届出をする場合の本人確認として，電子署名を行った者を確認するために必要な電子証明書は，次のいずれかを電子署名が行

われた情報と併せて送信することとされています（戸規79条の3第4項）。
　(1)　電子署名等に係る地方公共団体情報システム機構の認証業務に関する法律（平成14年法律153号）第3条第1項の規定に基づき作成されたもの
　(2)　商業登記法（昭和38年法律125号）第12条の2第1項及び第3項（これらの規定を他の法律の規定において準用する場合を含む。）の規定に基づき作成されたもの
　(3)　その他市区町村長の使用に係る電子計算機から当該電子署名を行った者を確認することができるものであって、(1)及び(2)に掲げるものに準ずるものとして市区町村長が定めるもの

Q60

戸籍の届書には、届出人等の署名が必要とされていますが、オンラインシステムによる届出の署名はどのようにするのですか。

オンラインシステムによる届出をする場合において、届書又は申請書にすることとされている署名は、電子署名をもってこれに代えることができることとされています（情報通信技術活用法6条4項、戸規79条の7）。

Q61

オンラインシステムによる届出の届出地は，どのようになりますか。

オンラインシステムによる届出は，届出事件本人の本籍地でしなければならないとされています。ただし，次に掲げる届出については，それぞれに定める地でしなければならないことになります（戸130条1項，戸規79条の8第2項）。

(1) 戸籍法第61条（胎児認知の届出）及び同法第65条（認知された胎児の死産届）については，母の本籍地
(2) 同法第102条の2（帰化の届出），同法第110条（就籍の届出）及び同法第111条（判決による就籍の届出）については，新本籍地
(3) 外国人に関する届出については，届出人の所在地

Q62

オンラインシステムによる届出は，どの時点で市区町村長に到達したことになるのでしょうか。

オンラインシステムによる届出は，当該届書に記載することとされている事項に係る情報が戸籍法第118条第1項の電子情報処理組織に備えられたファイルに記録された時に市区町村長に到達したものとみなされます（情報通信技術活用法6条3項）。

また，届出人等が生存中にしたオンラインシステムによる届出は，その死亡後であっても，市区町村長は，これを受理しなければならず（戸130条2項・47条），この場合においては，届出人等の死亡の時に届出があったものとみなされます。

Q63

電子署名を行うべき者が複数ある場合の届出は、どのようにするのでしょうか。

電子署名を行うべき者が複数ある場合には、その全ての者が電子署名をするまでの間、当該届出等情報をオンラインシステムにおいて保管することができます。この場合において、当該保管に係る間は、届出等情報は、市区町村長に到達したものとはみなされません。

なお、届出人等は、全ての電子署名がされた後に届出等情報を戸籍法第118条第1項の電子情報処理組織に備えられたファイルに記録しなければならず、当該届出等情報は、その記録された時に市区町村長に到達したものとみなされることになります。

6 届書の提出等

(1) 届出の通数

Q64

死亡の届出を届出人の所在地の市区町村長にする場合は、事件本人（死亡した者）の本籍地の市区町村長に送付する分を含めて2通提出することになりますか。

戸籍法の一部を改正する法律（令和元年法律17号・令和6.3.1施行）及び同法の施行に伴う戸籍法施行規則の一部を改正する省令（令和6.2.26法務省令5号）により、市区町村で受理した届書は、当該届書等の情報を画像情報化して、法務大臣の使用に係る戸籍情報連携システムに提供するものとされ（戸120条の4第1項、戸規78条の2第3項）、戸籍の記載をすべき本籍地の市区町村に対しては、法務大臣が当該情報を通知するものとされています（戸120条の5第1項・3項）。本籍地の市区

町村においては，戸籍情報連携システムに送信された届書情報（画像情報）を参照することにより（戸規78条の4第1項），戸籍の記載処理等を行うことができますので，住所地での届書は，1通でよいことになります。

〔注〕
1　戸籍届書の通数については，戸籍法第36条の規定により，戸籍に記載すべき市区町村役場の数と同じ数を提出させることとされ（同条1項），本籍地以外の市区町村役場に届出するときは，さらにもう1通の提出を要するとされています（同条2項）。しかし，届書の通数をこの規定どおりに提出する場合には，届出人の負担が多くなることもあり，当該負担の解消及び市区町村役場における効率化を図る観点から，届書を複数提出する必要がある場合でも，1通の提出で足りるとする届書の一通化が実施されていました（平成3.12.27民二6210号通達）。

　　令和元年の戸籍法改正による同法第120条の5第1項の場合においては，同法第36条第1項及び第2項（これらの規定を第117条において準用する場合を含む。）の規定にかかわらず，提出すべき届書又は申請書の数は，戸籍の記載をすべき市区町村長の数から当該市区町村長のうち指定市区町村長であるものの数を減じた数に1を加えた数とすることとされ（戸120条の5第2項），同法第120条の5第3項の場合においては，同法第36条第2項（第117条において準用する場合を含む。）の規定は適用しないこととされています（戸120条の5第4項）。この規定は，同法118条第1項の規定による指定を受けている市区町村長を前提としたものですから，法改正後の取扱いは，電子情報処理組織による戸籍事務の取扱いに関する特例ということになります。
2　戸籍事務のコンピュータ化は，戸籍法及び住民基本台帳法の一部を改正する法律（平成6.6.29法律67号）によりスタートしましたが，令和2年9月の法務大臣の指定をもって，全国すべての市区町村において戸籍情報システムによる戸籍事務の処理が可能になっています。

〔参考先例〕　令和6.2.26民一500号通達，同日付民一501号依命通知

(2) 届出等情報の取扱い

Q65
届書等情報を作成する対象となる書面にはどのようなものがありますか。

　市区町村長は，戸籍法の規定により提出すべきものとされている届書若しくは申請書又はその他の書類で戸籍の記載をするために必要なものとして法務省令で定めるもの（以下「届書等」という。）を受理した場合には，当該届書等の画像情報（以下「届書等情報」という。）を作成し，これを電子情報処理組織を使用して，法務大臣に提供することとされましたが，以下の書面が届書等情報を作成する対象となる書面とされています（戸120条の4第1項，戸規78条の2第1項）。

①　戸籍の記載をするために提出された届出，報告，申請，請求若しくは嘱託，証書若しくは航海日誌の謄本又は裁判に係る書面（戸籍法又は戸籍法施行規則により添付し，又は提出すべきこととされている書面を含む。）

　　上記書面は，戸籍の記載をするために提出された書面（戸15条参照）及び添付書面をいい，戸籍の記載を要しない外国人のみの事件に係る書面は含まれません。

　　なお，胎児認知届（戸61条）や本籍が明らかでない者又は本籍がない者に係る届出があった場合における当該届書等については，将来的に戸籍の記載をする可能性があることから，届書等情報を作成する対象となります。また，認知された胎児の死産届（戸65条）については，胎児認知届とともに保存することが相当であることから，届書等情報を作成する対象になります。

②　戸籍法第24条第2項の規定による戸籍の訂正に係る書面（職権訂正書）

③　戸籍法第44条第3項の規定による戸籍の記載に係る書面（職権記載書）

④　戸籍法施行規則第53条の４第２項の書面（不受理申出書）
　　⑤　戸籍法施行規則第53条の４第５項の取下げに係る書面（不受理申出取下書）

〔**参考先例**〕　令和６．２．26民一500号通達，同日付民一501号依命通知

Q66

法務大臣に提供する届書等の情報は，どのように作成することになりますか。

　戸籍法第120条の４第１項の規定による届書等情報の作成は，以下の情報を市区町村長の使用に係る電子計算機（以下「戸籍情報システム」という。）に記録する方法により行うこととされています（戸規78条の２第２項）。
　①　届書等に記載されている事項をスキャナにより読み取ってできた電磁的記録（画像情報）
　②　届書等に記載されている事項に基づき戸籍情報システムに入力された文字情報（受理地の市町村において戸籍情報システムに入力された文字情報）

〔注〕
　１　画像情報の記録
　　上記①の画像情報は，決裁が行われた時点の内容が含まれていることが必要です。また，届書の用紙の欄外も含め，届書等の原本の全体が含まれるように記録しなければならないとされています。
　２　届書の用紙
　　届書の用紙は，市区町村長が複写機により複写することに適するものでなければならないこととされています（戸規59条の２）。この「複写機により複写することに適する」とは，複写機により複写することに適することのみならず，スキャナによる読み取りに適することも含まれます。

〔**参考先例**〕　令和６．２．26民一500号通達，同日付民一501号依命通知

Q67

届出の受理後に，届書等に明らかな不備を発見した場合において，市区町村長が確認した情報により戸籍の記載をすることができるときは，どのように処理することになりますか。

届出の受理後に，届書等に明らかな不備を発見した場合において，当該届書等の内容その他市区町村長において確認した情報により，戸籍の記載をすることができるときは，届出人に当該不備を追完させることなく，市区町村において補記を行うものとされています（標準準則33条）。

〔注〕 市区町村における届書等への補記については，以下のとおり取り扱うこととされています（令和6.2.26民一501号依命通知）。
　　なお，届書の用紙には，掛紙をしてはならず，また，届書等に直接補記事項を記載してはならないとされています。
① 届書等に係る画像情報の記録前
　　以下のいずれかの方法により行うものとする。
　　なお，アの文字情報を用紙に出力したもの及びイの補記用紙（補記用紙は，本通知の「別紙3」として示されています。）は，届書の用紙の次に編てつする。
　ア　補記事項を文字情報として戸籍情報システムに記録する。
　イ　補記事項を補記用紙に記載し，届書の用紙と併せて当該書面を画像情報として戸籍情報システムに記録する。
② 届書等に係る画像情報の記録後
　　補記事項を文字情報として戸籍情報システムに記録する。
　　なお，文字情報を用紙に出力したものは，届書の用紙の次に編てつする。
　　また，戸籍法第120条の5第1項又は第3項の通知を受けた市区町村長が届書等の記載に不備を発見した場合には，届書等を受理した市区町村長に対して当該不備の内容を連絡するものとし，受理地の市区町村長は，その内容に基づき補記事項を文字情報として戸籍情報システムに記録するものとする。

〔参考先例〕　令和6.2.26民一500号通達，同日付民一501号依命通知，同日付民一502号通達

Q68

在外公館で受理した届書の送付がありましたが，当該届書についても画像情報として法務大臣に提供する必要があるのでしょうか。

外国に在る日本人は，戸籍法の規定に従って，その国に駐在する日本の大使，公使又は領事（以下「在外公館」という。）に届出することができ（戸40条），また，その国の方式に従って，届出事件に関する証書を作らせたときは，3か月以内に在外公館にその証書の謄本を提出しなければならないとされ（同法41条），在外公館で受理した届書等は，遅滞なく，外務大臣を経由してこれを本人の本籍地の市区町村に送付しなければならないとされています（同法42条）。

上記設問の場合も日本国内における届出と同様に，送付を受けた市区町村長は，届書等情報を画像情報として作成し，法務大臣の使用に係る電子計算機（戸籍情報連携システム）に当該情報を提供しなければならないことになります（戸規78条の2第5項）。

なお，関連市区町村長については，法務大臣からの通知に基づき当該情報を参照することになります。

〔**参考先例**〕 令和6．2．26民一500号通達，同日付民一501号依命通知

Q69

届出等を受理した市区町村で作成した届書等情報は，どのような方法で法務大臣に提供するのでしょうか。

画像情報により作成した届書等情報については，電子情報処理組織を使用して法務大臣に提供することとされ（戸120条の4第1項），市区町村長は，届書等を受理した後遅滞なく，作成された届書等情報を電

気通信回線を通じて法務大臣の使用に係る電子計算機（戸籍情報連携システム）に送信しなければならないことになります（戸規78条の2第3項本文）。

なお，職権訂正書，職権記載書，不受理申出書及び不受理申出取下書（Q65参照）に係る届書等情報については，本籍地の市区町村長が送信しなければならないこととされています。

また，法務大臣は，いつでも届書等情報をその使用に係る電子計算機に送信させることができることとされています（戸規78条の2第4項）。

〔参考先例〕　令和6.2.26民一500号通達，同日付民一501号依命通知

Q70

届書等情報を法務大臣に提供したいのですが，電気通信回線の故障等により送信できないときは，どうすればよいのでしょうか。

届出等を受理した市区町村で作成した届書等情報は，届書等を受理した後遅滞なく，電気通信回線を通じて法務大臣に提供しなければならないこととされていますが，電気通信回線の故障その他の事由によりその送信ができない場合は，この限りでないとされています（戸規78条の2第3項ただし書）。

通信障害等が生じている間に送信することができなかった届書等情報については，当該通信障害等が解消した後に遅滞なく送信すれば足りることになります。

〔注〕　通信障害等の発生時における取扱い（令和6.2.26民一501号依命通知の8）
　(1)　届書等の写しの送付
　　　受理地の市町村において通信障害等が発生し，受理地市町村長が遅滞なく届書等情報を戸籍情報連携システムに送信することができない場合で，他の市町村長が戸籍の記載をすべき必要がある場合には，届書等の写しを作成し，

通信障害等に係る対応である旨及び送付年月日を付記した上で，当該届書等の写しを戸籍の記載をすべき市町村長（以下「記載地市町村長」という。）に送付するものとする。

(2) 戸籍の記載

(1)により届書等の写しの送付を受けた記載地市町村長は，当該届書等の写しに基づいて戸籍に記載するものとする。当該記載は，改正法の施行前の戸籍記載例によるものとし，「送付を受けた日」は届書等の写しの送付を受けた年月日を記載するものとする。

(3) 戸籍記載後の処理

受理地の市町村において通信障害等が解消し，届書等情報を送信できるようになった場合には，受理地市町村長は，遅滞なく，戸籍情報連携システムに届書等情報を送信するものとする。

記載地市町村長は，送付を受けた届書等の写しを戸籍事務取扱準則制定標準（平成16年4月1日付け法務省民一第850号民事局長通達別添）第55条第1項第30号（戸籍に関する雑書類つづり）に編てつの上，保存するものとする。

(4) 記載地市町村長が通知を受けることができない場合

上記(1)から(3)までの取扱いは，記載地市町村長が，通信障害等により，法務大臣から法第120条の5第1項又は第3項の通知を受けることができない場合においても，同様とする。

〔**参考先例**〕 令和6.2.26民一500号通達，同日付民一501号依命通知

死亡届書の記載方法

1 届出の日

Q71

死亡の届出の日は，いつの日を記載しますか。

A 死亡の届出をする日，すなわち，市区町村役場に提出するときは，提出する日を記載します。また，郵送で届出をする場合は，発送（投函）する日を記載します。

Q72

届出の日が，届出以外の日を記載している場合は，どのようになりますか。

A 届出人は，届出の日に訂正してから提出することになります。

〔注〕 届書を市区町村役場の窓口に直接提出するときは，その提出する日が届出日ですから，届書には，その年月日を記載します（戸29条2号）。
　なお，設問の場合に，届出日を訂正しないで提出した後，届出人が届出日を補正しないとき，例えば，2月13日に届出した届書に，2月12日と記載されている場合は，市区町村長は届出人に当該不備を追完させることなく，市区町村において補記用紙で補記を行った上で受理する取扱いをします（標準準則33条）。

〔参考文献〕 「初任者のための戸籍実務の手引き（改訂新版第六訂）」7頁，「改訂設題解説戸籍実務の処理Ⅱ」224頁以下

2　届出先

Q73

届出事件本人（死亡した者）の本籍地に届出をするときは，届出のあて先は，本籍地の市区町村長になりますか。

届出を本籍地の市区町村長にするのであれば，設問のとおりです。
　なお，死亡の届出は，事件本人の本籍地又は届出人の所在地の市区町村長にすることができますし（戸25条），また，死亡した地の市区町村長にすることもできます（戸88条）。いずれの場合においても，届書に記載するあて先は，届出するところの市区町村長を記載します。
　届書の様式には，「　　　長　殿」と届出先が記載できるように印刷されているので，その空白の箇所に提出先の市区町村名を記載します。その場合，市区町村長の氏名の記載は要しないとされています。

〔**参考文献**〕「初任者のための戸籍実務の手引き（改訂新版第六訂）」5頁・176頁

Q74

届出人が，事件本人（死亡した者）の住所地であった市区町村長を届出先と記載した届書が提出された場合，どのように取り扱いますか。

死亡の届出地は，事件本人の本籍地又は届出人の所在地（戸25条），あるいは死亡した地（戸88条）とされています。
　前記以外に事件本人の住所地で届出する旨の規定はありませんが，設問のように届出人が事件本人の死亡当時の住所地に届出している場合，それが届出人の所在地であるときは，戸籍法第25条の規定に合致

した適法な届出と認められます。

　なお，届出人の所在地には，所在の長短にかかわらず，一時的な滞在地を含むとされていますから，例えば，仕事又は旅行等のため一時的に滞在する者の居所をもって所在地とされています（明治32.11.15民刑1986号回答）。したがって，届出人が葬儀のため一時的に死亡した者の住所地に滞在している場合には，その地が届出人の所在地になります。届出人が所在地（一時的滞在地）で届出をする場合は，死亡届書の「その他」欄に所在地（一時的滞在地）で届出する旨を記載し，届出地に誤りがないことを明らかにします。

〔**参考文献**〕「補訂第３版注解戸籍届書「その他」欄の記載」11頁以下

Q75

届出人が，事件本人（死亡した者）の死亡届を，届出人の所在地の市区町村長に届出する場合，届出のあて先は，事件本人の本籍地の市区町村長になりますか。

　届出のあて先は，死亡届をする届出人の所在地の市区町村長になります。

　設問の場合は，事件本人について戸籍の記載を要することから，届出を受理した所在地の市区町村長は，当該届出の情報を画像情報化して，法務大臣の使用に係る戸籍情報連携システムに提供し，本籍地の市区町村長は，その情報の通知を受けて戸籍の記載をすることになりますが，届書に記載する届出のあて先を本籍地の市区町村長とすることにはなりません。

　なお，Q64・Q73・Q74を参照願います。

3 「氏名・生年月日」欄

Q76

事件本人（死亡した者）の氏名と生年月日は，何に基づいて記載をすることになりますか。

A
事件本人の戸籍に基づいて記載します。

なお，死亡届書に添付の死亡診断書又は死体検案書に記載された事件本人の氏名，男女別，生年月日等は届書の記載と一致している必要があります。

死亡の届出は，事件本人の権利能力の消滅を戸籍に記載し，これを公証するものですから，その者について法律上重大な影響を及ぼすことになります。そのため戸籍法はその正確性を確保する観点から，原則として死亡届書に死亡診断書又は死体検案書を添付することとしています（戸86条2項）。したがって，死亡の届出の受理に当たっては届書と死亡診断書又は死体検案書を対照し一致しているか否かを慎重に審査し，同一人の確認が重要になります。

〔**参考文献**〕「改訂設題解説戸籍実務の処理Ⅶ」97頁以下

Q77

事件本人（死亡した者）の本籍が不明のため，本人が生前に使っていた通称名と年齢を届書に記載して届出をすることができますか。

死亡した者に雇主がいて，その雇用中に死亡したときは，戸籍の先例は，本籍不明者の死亡として取り扱わず，雇主等が同居者として通

常の死亡の届出をし（本籍不詳・氏名は通称名），その後本籍が判明したときは届出人が本籍分明届をすることとしています（戸26条，大正5.10.26民789号回答，大正10.1.18民事4023号回答）。

　また，設問の死亡した者が，本籍が明らかでない場合又は死亡者を認識することができない場合に当たるときは，戸籍法第92条第1項の規定により，警察官は検視調書を作成し，死亡地の市区町村長にこれを添付して遅滞なく死亡報告をすることとされています。この場合，死亡報告書には，検視調書として本籍等不明死体調査書（死体取扱規則7条1項・別記様式4号）を添付して行われることになっています（平成25.3.25民一305号通達）。

　なお，Q34の〔注〕を参照願います。

〔注〕　設問において，警察官の死亡報告がされた後，事件本人について，死亡者の本籍が明らかになり，又は死亡者を認識することができるに至ったときの警察官の報告（戸92条2項）は，「死亡者の本籍等判明報告書」（死体取扱規則7条2項・別記様式5号）により行われます。
　　　　また，警察官から前記の報告前に届出人から死亡の届出がされることもあります（戸92条3項）が，その場合は，その届出により戸籍の記載をし，戸籍法第92条第1項の死亡報告書及び第2項の報告書は，戸籍の記載を要しない届書類として保存することになります（戸規50条）。

Q78

出生子が命名前に死亡した場合，死亡の届出において届書にはどのように記載しますか。

　命名をする前に死亡した場合の出生の届出は，届書に「命名前に死亡」と記載して届出をすることとされています（明治31.9.24民刑1160号回答）。その場合の紙戸籍の記載は，氏名欄に「無名」と記載するとされています（明治32.1.26民刑1788号回答，昭和26.12.14民事甲2362号回答）。

　その場合，子の死亡後に命名されたとしても，強いて追完届を求め

る必要はないとされています（明治31．9．24民刑1160号回答，昭和32．3．4民事甲398号回答）が，名の追完届があったときは，それを受理してその処理をすることとしています（昭和32．6．14岡山管内戸協決議11）。

　設問の場合，戸籍は前記のとおり記載されているものと考えられますので，死亡の届書には戸籍のとおり記載することになります。

　なお，Q4を参照願います。

〔**参考文献**〕「補訂第3版注解戸籍届書「その他」欄の記載」34頁以下

Q79

棄児が命名前に死亡した場合，届書にはどのように記載しますか。

　棄児の出生の届出は，棄児を発見した者又は棄児発見の申告を受けた警察官が，市区町村長に申出をし，その申出により市区町村長は，棄児に氏名をつけ，本籍を定め，その他の事項を調書に記載して（戸57条），その調書（届書とみなされます。）に基づき棄児について新戸籍を編製します（戸22条・57条）。

　設問の場合，棄児の戸籍は前記のとおり編製されますから，死亡の届書は，戸籍のとおり記載することになります。

4 「死亡したとき」欄の記載及び戸籍の記載

Q80

死亡した時刻が昼の12時10分の場合，死亡届書の「死亡したとき」欄の死亡時刻はどのように記載しますか。また，戸籍にはどのように記載されますか。

届書には，午後0時10分と記載します。

届書又は戸籍に出生又は死亡の時刻を記載する場合は，午前と午後の12時間制による取扱いをしており，24時間制は採っていません（大正3．4．8民586号回答）。したがって，前記のとおり昼の12時10分の場合は，午後0時10分と記載することになります。

戸籍は，届書に基づいて記載します（戸15条・旧戸20条）。

〔注〕 前掲の戸籍先例の民586号回答は，「正子ノ刻ハ民法第140条但書ノ例ニ従ヒ午前零時ト記載セシムルヲ相当トシ正午ノ刻ハ午前12時ト記載スルモ午後零時ト記載スルモ可ナリト雖戸籍ノ記載例ヲ一定スルカ為メニハ午後零時ト記載セシムルヲ相当トス又死亡診断書ニ午後12時若ハ午前12時トシタルヲ届書ニ午前零時若ハ午後零時ト記載セシムルハ差支無之且戸籍ノ記載ハ必右ノ趣旨ニ従フヘク届書ノ記載カ右ノ例ニ反スルモ訂正セシムルノ必要ナキ儀ト思考致候」としています。

この先例によると，正子の時刻は，夜の12時のことですが，これは午前0時と記載するとしています。また，正午の時刻は，昼の12時のことですが，これは午前12時と記載しても，午後0時と記載してもよいが，戸籍の記載を一定するため，午後0時と記載するのが相当としています。正午の時刻については，一般的には午前12時という場合もあるので，それを認めつつ戸籍には午後0時と記載して統一する趣旨と考えられます。

なお，出生証明書又は死亡診断書（又は死体検案書）において，「生まれたとき」又は「死亡したとき」欄の時刻が，午前12時10分あるいは午後12時10分と記載されている場合，それが昼の「午後0時10分」のことか，あるいは夜の「午前0時10分」のことか判然としないことが生じることが考えられます。このような場合は，日時にずれが生じて身分関係に影響することにもなりますので，証明者あるいは届出人等への確認をした上で，より慎重な取扱いを要するものと考えられます。その場合において疑義が生じたときは，

市区町村長は，管轄法務局の長の指示を得て処理することになるものと考えます。

〔参考文献〕「初任者のための戸籍実務の手引き（改訂新版第六訂）」173頁，「改訂はじめての戸籍法」170頁以下，「Q&A出生届のすべて」69頁以下

Q81

死亡した時刻が夜の12時の場合，死亡届書にはどのように記載しますか。また，戸籍にはどのように記載されますか。

届書には，午前０時と記載します（大正３.４.８民586号回答）。戸籍は，届書に基づいて記載します（戸15条）。

なお，Q80を参照願います。

〔注〕　死亡の届書は，通常死亡診断書（又は死体検案書）のとおり記載し，双方の記載が一致することにより，事件本人（死亡した者）の同一性が確保されます。届書に死亡診断書（又は死体検案書）又はこれに代わる死亡の事実を証すべき書面の添付を要するとされています（戸86条2項・3項）ので，その添付がないときは，原則として届出は受理されないことになります。なお，受理に当たっては，届書と死亡診断書（又は死体検案書）等の記載を対照して，届書の虚偽の記載を防止すべきであるとされています（昭和23.１.13民事甲17号通達(15)）。なお，Q82の〔注〕を参照願います。

〔参考文献〕「全訂戸籍法」390頁

Q82

死亡した日時は，死亡診断書（又は死体検案書）に基づいて記載することになりますか。

死亡の届書の「死亡したとき」欄は，通常は死亡診断書（又は死体検案書）に基づいて記載することになるので，双方の記載に齟齬はないことになります。

〔注〕 戸籍の死亡事項の記載は，死亡届書に基づいて記載することになりますが（戸15条），その記載の正確性を確保するため，死亡届書には原則として死亡診断書（又は死体検案書）を添付することとされています（戸86条2項）。なお，やむを得ない事由によって死亡診断書（又は死体検案書）を得ることができないときは，死亡の事実を証すべき書面をもって代えることができるとされています（同条3項）が，その場合は，管轄法務局の長の指示を得て受否を決定することとされています（大正14.1.7民事12645号回答，昭和23.12.1民事甲1998号回答，昭和35.8.4民事甲1972号回答）。

Q83

死亡の年月日が，事案によって詳細が判明しない場合，届書及び戸籍の記載において「推定」の文字の記載はどの箇所にすることになりますか。

死亡時分に対する推定の場合は，時分の前に「推定」の文字を記載し，死亡日時に対する推定の場合は，死亡年月日の前に「推定」の文字を記載します（昭和25.11.21～22佐世保地区協議会決議・昭和26.3.26民事局長変更指示，昭和30.11.29～30宮崎県連合戸籍協議会決議）。

〔**参考文献**〕「改訂第2版注解コンピュータ記載例対照戸籍記載例集」264頁

4 「死亡したとき」欄の記載及び戸籍の記載 69

■ コンピュータ処理における死亡年月日・日時の記録

コンピュータ処理における記載例は，次の２つのパターンがあります。Q84〜107につき，〔コンピュータ記載例〕にて，どちらに該当するかを記しています。

● パターンＡ（法定記載例138，参考記載例169ほか）
【死亡日】令和４年１月９日
【死亡時分】午後８時３０分
※時刻が推定の場合は，「推定午後８時３０分」と記録する。

● パターンＢ（参考記載例170）
【死亡日時】平成１１年３月日時不詳

Q84

死亡した日時が，①「昭和31年９月10日頃」，又は②「昭和31年９月30日頃」，あるいは③「昭和32年１月１日頃」と記載された死亡届書に，添付された死亡診断書（又は死体検案書）も同様の記載がされている場合，戸籍にはどのように記載しますか。

戸籍には，①は「推定昭和31年９月10日」，②は「推定昭和31年９月30日」，③は「推定昭和32年１月１日」と記載するとされています（昭和31.11.15〜16群馬協議会決議）。

〔注〕 設問は，前掲の協議会の協議問題ですが，協議会の決議は，いずれも，「昭和○年○月推定○日」とされました。しかし，上記解説のように管轄法務局長の変更指示がされた事案です。なお，Q83を参照願います。

〔コンピュータ記載例〕 パターンＢ（【死亡日時】に回答の文言を入力。）

Q85

死亡した日時が，死体検案書には「昭和30年3月上旬」とあり，届書にも同様に記載されていますが，戸籍にはどのように記載しますか。

戸籍には「昭和30年3月1日から10日までの間」と記載します（昭和35.3.24民事甲708号回答）。

〔コンピュータ記載例〕　パターンB（【死亡日時】に回答の文言を入力。）

Q86

死亡した日時が，死体検案書には「昭和30年3月下旬」とあり，届書にも同様に記載されていますが，戸籍にはどのように記載しますか。

戸籍には「昭和30年3月21日から31日までの間」と記載します。
　また，設問において「昭和30年3月中旬」とある場合は，「昭和30年3月11日から20日までの間」と記載することになるものと考えます。

〔参考先例〕　昭和35.3.24民事甲708号回答

〔コンピュータ記載例〕　パターンB（【死亡日時】に回答の文言を入力。）

Q87

死亡した日時が，死体検案書には，昭和35年1月15日午後9時頃とあり，届書にも同様に記載されていますが，戸籍にはどのように記載しますか。

戸籍には「昭和35年1月15日推定午後9時」又は「昭和35年1月15日午後9時頃」のいずれの記載でも差し支えないとされています（昭

和3.2.27民事836号回答,昭和35.4.28民事甲994号回答)。

〔コンピュータ記載例〕 パターンA(時刻が推定又は頃の場合は「推定」を選択し入力。)

Q88

届書の「死亡したとき」欄が「昭和40年3月初旬頃」と記載されている場合,戸籍にはどのように記載しますか。

戸籍には「昭和40年3月日時不詳」と記載します(昭和40.7.15~16島根県戸籍住民登録事務協議会決議)。

〔注〕 設問とほぼ同様な事例(Q89参照)として「昭和26年5月初旬推定」と届書に記載されている場合の戸籍の記載は,「昭和26年5月日時不詳」とするとされています(昭和26.11.1九州各市連合戸籍事務協議会決議)。

設問の事例は「初旬頃」であり,Q89は「初旬推定」とされている場合です。これに対し,Q85の事例は「上旬」とされています。三省堂の「大辞林」及び岩波書店の「広辞苑」によれば,「初旬」は「月のはじめの10日間,上旬」とありますので,初旬と上旬は,両者に字句の違いはありますが,同じ意味であると解されます。したがって,「初旬」と記載されていても「上旬」の趣旨と理解して取り扱うことになるものと考えられます。

設問及び前掲の先例(Q89)は「初旬頃」あるいは「初旬推定」となっていて,「頃」又は,「推定」が加えられていることから「日時不詳」としたものとも考えられます。これは「初旬」あるいは「上旬」より日時の範囲を広く考えたものと解釈されたようにも思われます。

このことについて「戸籍」641号(平成8年1月号)81頁の「こせき相談室 408 」においては,「初旬頃」とあっても「上旬」と解し,例えば「平成7年9月初旬頃死亡」の場合は「平成7年9月1日ころから10日までの間死亡と記載するのが相当である。」とする見解が述べられています。この見解はQ85の設問の「上旬」にならったものとも考えられますが,本設問及びQ89の「初旬頃」又は「初旬推定」の先例との整合性について,どのように解すべきかが問題になります。なお,疑義が生じたときは,管轄法務局の長に指示を求めて処理することになるものと考えます(標準準則23条)。

〔コンピュータ記載例〕 パターンB(【死亡日時】に回答の文言を入力。)

Q89

死亡した日時が、死体検案書には「昭和26年5月初旬推定」とあり、届書にも同様に記載されていますが、戸籍にはどのように記載しますか。

戸籍には「昭和26年5月日時不詳」と記載します（昭和26.11.1九州各市連合戸籍事務協議会決議）。

なお、Q88を参照願います。

〔コンピュータ記載例〕 パターンB（【死亡日時】に回答の文言を入力。）

Q90

死亡した日時が、死体検案書には「昭和45年7月7日午後11時～12時の間と推定」とあり、届書にも同様に記載されていますが、戸籍にはどのように記載しますか。

戸籍には「昭和45年7月推定7日午後11時から8日午前0時までの間」と記載します（昭和45.10.15～16宮崎県連合協議会決議・昭和46.3.1福岡法務局長変更認可）。

〔コンピュータ記載例〕 パターンB（【死亡日時】に回答の文言を入力。）

Q91

死亡した日時が、死体検案書には「昭和45年8月16日午後2時～3時（推定）」とあり、届書にも同様に記載されていますが、戸籍にはどのように記載しますか。

戸籍には「昭和45年8月16日推定午後2時から午後3時までの間」と記載します（昭和53.7.7～8札幌法務局管内連合戸籍事務協議会決議）。

〔コンピュータ記載例〕 パターンB（【死亡日時】に回答の文言を入力。）

Q92

死亡した日時が，死体検案書には「昭和3年1月16日推定10時」又は「昭和3年1月16日10時頃」とある場合，届書にはどのように記載しますか。また，戸籍にはどのように記載されますか。

届書は，「昭和3年1月16日推定10時」と記載します（昭和3.2.27民事836号回答）。戸籍は，届書に基づいて記載することになります（戸15条）。

なお，Q87を参照願います。

〔コンピュータ記載例〕 パターンA（時刻が推定又は頃の場合は「推定」を選択し入力。）

Q93

死亡した日時が，死体検案書には「平成10年6月5日昼頃」とあり，届書にも同様に記載されていますが，戸籍にはどのように記載しますか。

戸籍には，届書のとおり「平成10年6月5日昼頃」と記載することになります（戸15条）。

〔参考文献〕 「戸籍」677号（平成10.8）55頁

〔コンピュータ記載例〕 パターンB（【死亡日時】に回答の文言を入力。）

Q94

死亡した日時が，死亡診断書には「大正3年2月9日正子又は午後12時」とある場合，届書にはどのように記載しますか。また，戸籍にはどのように記載されますか。

「正子（しょうし）」とは，夜の12時を指す時刻であり，「午後12時」の表記が同様の趣旨で死亡診断書に記載されている場合には，届書には「大正3年2月9日午前0時」と記載するとされています（大正3．4．8民586号回答）。また，戸籍にも同様に記載することになります。

なお，「午後12時」の表記については，Q80の〔注〕を参照願います。

〔コンピュータ記載例〕 パターンA

Q95

死亡した日時が，死亡診断書（又は死体検案書）には，「大正3年2月10日正午又は午前12時」とある場合，届書にはどのように記載しますか。また，戸籍にはどのように記載されますか。

「正午（しょうご）」とは，昼の12時を指す時刻であり，「午前12時」の表記が同様の趣旨で死亡診断書（又は死体検案書）に記載されている場合には，届書には「大正3年2月10日午後0時」と記載するとされています（大正3．4．8民586号回答）。また，戸籍にも同様に記載することになります。

なお，「午前12時」の表記については，Q80の〔注〕を参照願います。

〔コンピュータ記載例〕 パターンA

4 「死亡したとき」欄の記載及び戸籍の記載　75

Q96

死亡した日時が「昭和4年12月31日午後12時30分」と記載された死亡届書が郵送により届出されましたが,「午前零時30分」か「午後零時30分」かについて確認を要するため,届出人に照会したところ,同人は所在不明により確認ができません。この場合,戸籍にはどのように記載しますか。

戸籍には,届書のとおり「昭和4年12月31日午後12時30分」と記載する他ないものとされています（昭和8.2.13民事甲174号回答）。

〔コンピュータ記載例〕　パターンA

Q97

死亡報告書に「昭和13年6月3日14時0分○○附近ニ於テ戦死」とある場合,戸籍にはどのように記載しますか。

戸籍には,「昭和13年6月3日午後2時」と記載します。なお,死亡の時刻は時分まで記載することとされていますが（戸86条2項1号）,0分のときは記載を要しないとされています（昭和13.8.5民事甲930号回答）。

〔コンピュータ記載例〕　パターンA

Q98

死亡した日時が,死亡診断書には「昭和35年3月8日午前5時20分48秒」とあり,届書にも同様に記載されていますが,戸籍にはどのように記載しますか。

戸籍には,「昭和35年3月8日午前5時20分」と記載します（昭和35.3.24民事甲708号回答）。

〔注〕　届書には「死亡の年月日時分及び場所」を記載する（戸86条2項1号）とされていますが,「秒」までの記載をすることになっていません。したがって,「秒」の記載は要しないことになります（前掲民事甲708号回答参照）。

〔コンピュータ記載例〕　パターンA

Q99

　死亡した日時が「昭和30年2月1日午後11時30分から2月2日午前0時30分までの間に死亡」と記載した死亡届書に添付された死体検案書も同様に記載されている場合,戸籍にはどのように記載しますか。

　戸籍には,「昭和30年2月1日午後11時30分から2日午前0時30分までの間」と記載することとされています（昭和30.6.27～28宇都宮連合協議会決議）。

〔コンピュータ記載例〕　パターンB（【死亡日時】に回答の文言を入力。）

Q100

　死亡した日時が,死体検案書には「昭和30年3月4日午後8時から11時迄の間」とあり,届書にも同様に記載されていますが,戸籍にはどのように記載しますか。

　戸籍には,「昭和30年3月4日午後8時から11時までの間」と記載することとされています（昭和31.8.2～4秋田県連合協議会決議）。

〔コンピュータ記載例〕　パターンB（【死亡日時】に回答の文言を入力。）

4 「死亡したとき」欄の記載及び戸籍の記載　77

Q101

　　死亡した日時が，死体検案書には「平成11年5月1日午後から2日午前」とある場合，届書にはどのように記載しますか。また，戸籍にはどのように記載されますか。

A　死体検案書の記載は，死亡日時については推定と考えられます。その場合，届書には「平成11年5月推定1日午後から2日午前の間」と記載することになるものと考えられます。

　なお，Q102を参照願います。

　戸籍は，届書のとおり記載することになります（戸15条）。

　なお，「推定」の文字を付する箇所については，Q83を参照願います。

〔注〕　設問について，「平成11年5月1日午後から2日午前の間」と戸籍に記載する取扱いが相当とし，「推定」の記載は要しないと考えられるとする意見があります（「戸籍」691号（平成11.8）62頁の「こせき相談室 530 」）。しかし，Q102に掲げた先例との整合性が問題になります。なお，疑義が生じたときは，管轄法務局の長に指示を求めて処理することになるものと考えます（標準準則23条）。

〔コンピュータ記載例〕　パターンB（【死亡日時】に回答の文言を入力。）

Q102

　　死亡した日時が，死亡の届書に「昭和46年4月20日夜より21日早朝の間と推定」と記載されている場合，戸籍にはどのように記載しますか。

A　戸籍には，「昭和46年4月推定20日夜から21日早朝の間」と記載するとされています（昭和46.7.12～13島根県協議会決議・昭和46.12.6広島法務局長変更認可）。

〔注〕　本先例は，死亡届の死亡日時を「昭和46年4月20日夜より21日早朝の間と

推定」と記載した届出があった場合,「受理して差し支えないか」とする戸籍協議会の協議問題において,「時間の表現が適当でないから補正させたうえ受理することになるが,補正不可能のときはそのまま受理し,死亡の日時はそのまま記載する。」と決議がされました。しかし,戸籍の記載例について,上記解説のように管轄法務局の長から変更指示の上認可がされた事案です。

〔コンピュータ記載例〕 パターンB (【死亡日時】に回答の文言を入力。)

Q103

死亡した日時が,死体検案書には「昭和30年春頃」とあり,届書にも同様に記載されている場合,戸籍にはどのように記載しますか。

届書の記載の「春頃」を「何月」と届出人に補正させたうえで受理します。例えば,補正によって届書が「昭和30年推定4月」とされた場合は,戸籍には届書のとおり記載するとされています(昭和35.3.24民事甲708号回答)。

〔注〕 前掲の先例は,「春夏秋冬は,日時を表現する文字としては適当ではないので,死亡の届出については届書及び死亡診断書等の記載を例えば「昭和何年推定何月」と補正させた上,受理するのが相当である。」としています。

〔コンピュータ記載例〕 パターンB (【死亡日時】に回答の文言を入力。)

Q104

死亡報告に添付の「検視調書」(昭和41年5月4日付け)に,死亡した日時が「死後4,5ケ月と推定」とあり,報告書も同様に記載されている場合,戸籍にはどのように記載しますか。

4 「死亡したとき」欄の記載及び戸籍の記載　79

　戸籍には,「推定昭和40年12月から昭和41年1月までの間」と記載することとされています（昭和41.6.23～24島根県協議会決議）。

　設問は,死亡報告がされた事例ですが,死亡日時についての補正はなされなかった場合の事案とされています。

〔コンピュータ記載例〕　パターンB（【死亡日時】に回答の文言を入力。）

Q105

　死亡した日時が「昭和43年12月24日夜半午後」と記載された死亡届書がありましたが,添付の死体検案書は「昭和43年12月24日夜半」と記載されています。この場合,戸籍にはどのように記載しますか。

　戸籍には,「昭和43年12月24日午後時刻不詳」と記載するとされています（昭和44.5.14～15佐賀県協議会決議）。

〔コンピュータ記載例〕　パターンB（【死亡日時】に回答の文言を入力。）

Q106

　死亡した日時が,死体検案書には「昭和48年8月日不詳」とあり,届書には「昭和48年8月　日不詳」と記載されている場合,戸籍にはどのように記載しますか。

　戸籍には,「昭和48年8月日時不詳」と記載するとされています（昭和48.11.13～14香川県連合協議会決議）。

〔コンピュータ記載例〕　パターンB（【死亡日時】に回答の文言を入力。）

Q107

死亡した日時が，死体検案書には「昭和52年2月19日午前5時不詳分」とある場合，届書にはどのように記載しますか。また，戸籍にはどのように記載されますか。

届書には，「昭和52年2月19日午前5時分不詳」と記載し，戸籍は，届書のとおり記載するとされています（昭和52.6.10兵庫県協議会決議）。

〔コンピュータ記載例〕 パターンB（【死亡日時】に回答の文言を入力。）

Q108

日本標準時地以外の地で死亡した者の死亡の日時の記載は，届書にはどのように記載しますか。

届書には，死亡地の標準時によってのみ記載します（平成6.11.16民二7005号通達）。

〔注〕 設問の場合，従来は，届出人が死亡地の標準時による記載に併せて日本標準時による記載を希望するときは，届書に死亡地の標準時による記載をした後に括弧書きで日本標準時による記載を併記しても差し支えないとし，戸籍も届書のとおり記載することとしていました（昭和35.4.12民事甲883号通達）。しかし，この取扱いはほとんど利用されることはなく，また，日本標準時を併記する必要性も，併記しないことによる弊害も認められないことから，前掲民二7005号通達により死亡地の標準時によってのみ記載することに改められました。

Q109

　米国の各州で発行される死亡証明書において，死亡時刻が「0時」の場合の表示は，例えば「昭和40年10月5日午前（A.M）又は午後（P.M）12時」とされていますが，在外公館から送付される届書も同様に記載されていることがあります。この場合，戸籍にはどのように記載しますか。

　戸籍には，届書のとおり記載します（昭和40.12.23民事甲3494号回答）。

　〔注〕　設問の場合は，証明者又は届出人が外国に居住しているため，時刻の確認が困難な事例につき，戸籍には届書のとおり記載するものとされた事案です。

Q110

　死亡証明書に死亡時刻の記載がない場合は，届書にはどのように記載することになりますか。また，戸籍にはどのように記載しますか。

　届書には，死亡の年月日時分及び場所を記載することとされています（戸86条2項1号）。したがって，届書には判明する範囲で死亡の時分を届出人に記載させ，その上で管轄法務局の長に受理照会をすることになるものと考えます（標準準則23条）。そして届書の処理及び戸籍の記載は，管轄法務局の長の指示に基づいて行うことになるものと考えます。

　〔注〕　設問は，事件本人が外国で死亡し，死亡証明書は外国の官憲により発行された事例です。

〔参考文献〕「戸籍」676号（平成10.7）50頁「こせき相談室 494 」）

【資料】 死亡の年月日時分のまとめ

	死亡診断書・死体検案書等の記載	戸籍の記載	参考先例等
Q84	昭和31年9月10日頃 昭和31年9月30日頃 昭和32年1月1日頃	推定昭和31年9月10日 推定昭和31年9月30日 推定昭和32年1月1日	昭和31.11.15〜16群馬協議会決議 （注1）
Q85	昭和30年3月上旬	昭和30年3月1日から10日までの間	
Q86	昭和30年3月下旬 昭和30年3月中旬	昭和30年3月21日から31日までの間 昭和30年3月11日から20日までの間	昭和35.3.24民事甲708号回答
Q87	昭和35年1月15日午後9時頃	「昭和35年1月15日推定午後9時」又は「昭和35年1月15日午後9時頃」	昭和3.2.27民事836号回答 昭和35.4.28民事甲994号回答
Q88	昭和40年3月初旬頃	昭和40年3月日時不詳	昭和40.7.15〜16島根県戸籍住民登録事務協議会決議
Q89	昭和26年5月初旬推定	昭和26年5月日時不詳	昭和26.11.1九州各市連合戸籍事務協議会決議
Q90	昭和45年7月7日午後11時〜12時の間と推定	昭和45年7月推定7日午後11時から8日午前0時までの間	昭和45.10.15〜16宮崎県連合協議会決議 （注2）
Q91	昭和45年8月16日午後2時〜3時（推定）	昭和45年8月16日推定午後2時から午後3時までの間	昭和53.7.7〜8札幌法務局管内連合戸籍事務協議会決議
Q92	「昭和3年1月16日推定10時」又は「昭和3年1月16日10時頃」	昭和3年1月16日推定10時	昭和3.2.27民事836号回答
Q93	平成10年6月5日昼頃	平成10年6月5日昼頃	「戸籍」677号（平成10.8）55頁
Q94	大正3年2月9日正子又は午後12時	大正3年2月9日午前0時	大正3.4.8民586号回答
Q95	大正3年2月10日正午又は午前12時	大正3年2月10日午後0時	
Q96	昭和4年12月31日午後12時30分	昭和4年12月31日午後12時30分	昭和8.2.13民事甲174号回答 （注3）
Q97	昭和13年6月3日14時0分	昭和13年6月3日午後2時	昭和13.8.5民事甲930号回答
Q98	昭和35年3月8日午前5時20分48秒	昭和35年3月8日午前5時20分	昭和35.3.24民事甲708号回答
Q99	昭和30年2月1日午後11時30分から2月2日午前0時30分までの間	昭和30年2月1日午後11時30分から2日午前0時30分までの間	昭和30.6.27〜28宇都宮連合協議会決議
Q100	昭和30年3月4日午後8時から11時迄の間	昭和30年3月4日午後8時から11時までの間	昭和31.8.2〜4秋田県連合協議会決議
Q101	平成11年5月1日午後から2日午前	平成11年5月推定1日午後から2日午前の間	（Q83，Q102参照）
Q102	昭和46年4月20日夜より21日早朝の間と推定	昭和46年4月推定20日夜から21日早朝の間	昭和46.7.12〜13島根県協議会決議 （注4）
Q103	昭和30年春頃	「春頃」を「何月」と補正させたうえで受理する。	昭和35.3.24民事甲708号回答

Q104	検視調書（昭和41年5月4日付け）に「死後4，5ケ月と推定」とある場合	推定昭和40年12月から昭和41年1月までの間	昭和41．6．23～24島根県条議会決議 （注5）
Q105	死亡届書には「昭和43年12月24日夜半午後」と記載され，死体検案書は「昭和43年12月24日夜半」の場合	昭和43年12月24日午後時刻不詳	昭和44．5．14～15佐賀県協議会決議 （注6）
Q106	死体検案書には「昭和48年8月日不詳」とあり，届書には「昭和48年8月　日不詳」と記載されている場合	昭和48年8月日時不詳	昭和48．11．13～14香川県連合協議会決議
Q107	死体検案書に「昭和52年2月19日午前5時不詳分」と記載されている場合	昭和52年2月19日午前5時分不詳	昭和52．6．10兵庫県協議会決議 （注7）
Q108	日本標準時地以外での死亡日時	死亡地の標準時によってのみ記載	平成6．11．16民二7005号通達
Q109	米国各州の死亡証明書で「昭和40年10月5日午前（A.M）又は午後（P.M）12時」と記載されている場合	届書のとおり記載	昭和40．12．23民事甲3494号回答 （注8）
Q110	死亡証明書に死亡時刻の記載がない場合	届書には判明する範囲で死亡の時分を届出人に記載させ，管轄法務局の長に受理照会	「戸籍」676号（平成10．7）50頁

（注1）　協議会の決議は，いずれも「昭和○年○月推定○日」とされましたが，管轄法務局長の変更指示がされた事案です。

（注2）　協議会の決議は，「昭和45年7月7日推定午後11時から同月8日午前0時の間」とされましたが，昭和46年3月1日管轄法務局長の変更許可があった事案です。

（注3）　設問は，郵送による届出であり，届出人に死亡時刻を照会したところ所在不明により確認できなかった事案です。

（注4）　協議会の決議は，死亡届の死亡時間を設問のとおり記載した届出があった場合，受理して差し支えないかとする協議問題において，「時間の表現が適当でないから補正させたうえ受理することになるが，補正不可能のときはそのまま受理し，死亡の日時はそのまま記載する。」と決議された事案において，昭和46年12月6日管轄法務局長の変更指示の上認可された事案です。

（注5）　設問は，死亡報告がされた事例ですが，死亡日時についての補正に応じてもらえなかった事案とされています。

（注6）　設問は，非本籍地で受理された死亡届が本籍地に送付された事案において，死亡の時分を明確にするよう返れいしたところ「12月24日夜半午後」と2字追加されて再送された事案です。

（注7）　設問は，失火により焼死したが，死体検案書の死亡年月日時分欄には「昭和52年2月19日午前5時不詳分」と記入され，また，外因死の追加事項欄には「昭和52年2月19日午前5時10分，石油ストーブに火をつけようとして，誤って出火逃げおくれて焼死せるもの」と記入されていた事案です。

（注8）　設問は，証明者又は届出人が外国に居住しているため，時刻の確認が困難な事例につき，戸籍には届書のとおり記載するものとされた事案です。

5 「死亡したところ」欄

Q111

外国の港に停泊中の日本船舶の乗組員が、同地に上陸中に死亡した場合において、船長から日本に帰港後に寄港地の市区町村長に、航海日誌の謄本及び死亡地の外国人医師が作成した死亡証明書が送付された場合、死亡地はどのようになりますか。また、この場合の取扱いはどのようになりますか。

死亡地及び死亡の日時は、死亡証明書の記載に基づいて処理することになります（昭和30.6.3民事甲1117号回答）。

この場合の処理は、事件本人（死亡した者）の死亡は、航海中における死亡に当たらないから、戸籍法第93条で準用する同法第55条による航海日誌の謄本の送付による処理はできないことになります（前掲民事甲1117号回答）。

そこで航海日誌の謄本及び死亡地の外国人医師が作成した死亡証明書の送付を受けた寄港地の市区町村長は、それらの書類の画像情報を法務大臣の使用に係る電子計算機（戸籍情報連携システム）に送信し、法務大臣から通知を受けた本籍地の市区町村長は、当該情報を資料として管轄法務局の長に職権記載の許可申請をし、その許可を得て職権で戸籍の記載をすることになります（前掲民事甲1117号回答、戸44条3項・24条2項、標準準則22条）。

〔参考先例〕　令和6.2.26民一500号通達、同日付民一501号依命通知、同日付民一502号通達

Q112

　日本国内の港に停泊中の日本船舶の乗客が，停泊中の船内で死亡し，その地の医師の診断を受けた後，出航した地に帰港後にその地の市区町村長に，航海日誌の謄本及び死亡地の医師が作成した死亡診断書が船長から送付された場合，死亡地はどのようになりますか。また，この場合の取扱いはどのようになりますか。

　航海中に死亡した場合に準じて取り扱って差し支えないとされています（昭和30．8．1民事甲1545号回答）。

　〔注〕　前掲の先例の事案は，海上自衛艦隊の隊員が寄港地に停泊中に死亡し，母港地に遺体を携行してその地の市区町村長に届出した事案です。

6　「住所」欄

Q113

　死亡した者の住所は，死亡時の住所を記載することになりますか。

　届書の様式の「住所」欄には，括弧書きで「住民登録をしているところ」と印刷されているので，死亡した者が死亡時に住民登録していた住所を記載することになります。

7 「本籍」欄

Q114 死亡した者の本籍は，死亡時の本籍を記載することになりますか。

死亡したときの本籍及び筆頭者の氏名を記載します。

〔注〕 本籍及び戸籍の筆頭者の氏名は，戸籍の表示といわれるもので（戸9条），この記載により事件本人が特定され，その者の戸籍に死亡の記載がされます。

8 「死亡した人の夫または妻」欄

Q115 死亡した者に配偶者（夫又は妻）がいたが，その者と離婚している場合は，届書にはどのように記載しますか。また，死亡した者より先に配偶者が死亡している場合は，どのように記載しますか。

離婚している場合は，「いない（□離別）」の□にチェックします。
死亡している場合は，「いない（□死別）」の□にチェックします。

〔注〕 死亡した人の配偶者が生存している場合は，届書の同欄の該当箇所に「□いる（満　歳）」にチェックし，配偶者の満年齢を記載します。また，死亡した人が婚姻していない場合は，「いない（□未婚）」にチェックします。
なお，内縁の者は含まれません。

9 「死亡したときの世帯のおもな仕事と死亡した人の職業・産業」欄

Q116

死亡したときの世帯のおもな仕事と死亡した人の職業・産業欄は，どうして記載するのですか。

人口動態調査票の作成に必要なためです。

なお，同欄の届書への記載は，戸籍法施行規則第58条第6号において届書の記載事項とされています。

また，人口動態調査票の作成は，人口動態調査令（昭和21年勅令447号）第3条及び同令施行細則（昭和23年厚生省令6号）第1条に規定されています。

Q117

死亡したときの世帯のおもな仕事と死亡した人の職業・産業欄の「職業」と「産業」は，国勢調査の年に記載するとされていますが，これはどうしてですか。

この欄は，5年に一度の国勢調査年に該当する年に記載する欄です。職業・産業は，具体的に記載することになりますが，その目的については，次の〔注〕を参照願います。

なお，Q116を参照願います。

〔注〕 国勢調査は，統計法（平成19年法律53号）に基づき，総務大臣が国勢統計を作成するために，日本に居住している全ての人及び世帯を対象として実施される国の最も重要かつ基本的な統計調査とされています。この調査では，日本国内の人口，世帯，産業構造等について行われます。国勢調査は，同法

第5条を根拠とする「基幹統計調査」と位置付けられており，基本的には5年ごとに行われています〔総務省統計局ホームページから抜粋〕。

10 「その他」欄

「その他」欄には，どのようなことを記載するのですか。

死亡の届書の各該当欄に当てはまらない事項を，「その他」欄に記載します。

一般的には，次のような事項を記載します。

① 死亡診断書又は検案書の添付ができない場合は，その事由（戸86条3項）（例えば，「死亡診断書又は死体検案書は，別紙申述書記載のとおり添付できないので，死亡現認書を添付します。」と記載します。）

② 届出期間経過後の届出の場合は，その遅れた事由

③ 公設所で死亡し，届出人がいない（又は届出しない）ため，公設所の長が死亡届をする場合（戸93条で準用の同法56条）（例えば，「届出人は〇〇国立病院長である。」あるいは「届出人は〇〇刑事施設の長である。」と記載します。）

④ その他戸籍の記載に必要な事項で，該当欄に記載することができない事項

〔参考文献〕「初任者のための戸籍実務の手引き（改訂新版第六訂）」174頁，「補訂第3版注解戸籍届書「その他」欄の記載」368頁以下

11 「届出人」欄

(1) 届出人

Q119

死亡の届出は、だれがするのですか。

① 死亡の届出は、戸籍法第87条第1項の規定で、次の者はその順序に従って、届出義務者とされています。ただし、その順序にかかわらず届出をすることができるとされています（同項ただし書）。したがって、第一、第二、第三の者のうち、だれかが届出をすれば他の者が重ねて届出することは要しないことになります。その意味では、この順序は相対的なものといえます。

　第一　同居の親族
　第二　その他の同居者
　第三　家主、地主又は家屋若しくは土地の管理人

② なお、次の者は届出義務者には当たらないが、届出をすることができるとされています（同条2項、これらの者は届出資格者といいます。）。

　同居の親族以外の親族
　後見人
　保佐人
　補助人
　任意後見人
　任意後見受任者

③ 水難、火災その他事変によって死亡した者がある場合は、その取調べをした官公署の長が死亡の届出ではなく、死亡報告をすることになります（戸89条）。

④ 公設所で死亡した者がいる場合に、前記①及び②の届出人がい

ないときは，公設所の長又は管理人が届出をすることになります（戸93条・56条）。

⑤　航海中の船舶で死亡した者がいる場合は，船長は日本の港に着いたときは，その地の市区町村長に航海日誌の謄本を送付することになります（戸93条・55条）。また，外国の港に着いたときはその国にある日本の在外公館の長に航海日誌の謄本を送付することになります（戸93条・55条）。この航海日誌の謄本の送付は，死亡の届出に代わるものということができます。

⑥　死刑の執行があったときは，刑事施設の長は，刑事施設の所在地の市区町村長に死亡の報告をすることになります（戸90条1項）。なお，刑事施設に収容中に上記以外の事由により死亡した者について，引取人がいないときは，刑事施設の長は，同様に死亡の報告をします（同条2項）。引取人がいる場合は，届出義務者等から死亡の届出をすることになりますが，その届出義務者等がないか，又は届出ができないときは，刑事施設の長が通常の死亡の届出をすることになります（戸93条・56条，大正4.7.20民115号回答）。

⑦　本籍不明者又は認識不能者が死亡したときは，警察官は，死亡地の市区町村長に検視調書として本籍等不明死体調査書（死体取扱規則別記様式4号，平成25.3.25民一305号通達）を添付して死亡報告をすることになります（戸92条1項）。この場合，それらの者の本籍が明らかになり又は認識ができるようになったときは，警察官はその旨の報告（死亡者の本籍等判明報告書（死体取扱規則別記様式5号，前掲民一305号通達）をすることになります（戸92条2項）。

　　また，本籍不明者又は認識不能者として，同条第1項により警察官から死亡報告がされた者について，死亡の届出義務者である同居の親族又はその他の同居者（戸87条1項第一・第二）が，死亡者を認識したときは，それらの者は10日以内に死亡の届出をしなければなりません（戸92条3項）。

(2) 届出人の資格者欄

Q120

死亡届書の「届出人」欄の届出資格を記載する欄が，□ 1．同居の親族　□ 2．同居していない親族　□ 3．同居者　□ 4．家主　□ 5．地主　□ 6．家屋管理人　□ 7．土地管理人　□ 8．公設所の長　□ 9．後見人　□ 10．保佐人　□ 11．補助人　□ 12．任意後見人　□ 13．任意後見受任者　となっていますが，具体的には，どのような人のことをいうのですか。

1の「同居の親族」とは，

事件本人（死亡した者）と同居していた親族のことで，届出義務者に当たります（戸87条1項第一）。例えば，事件本人と同居していた配偶者，子，孫，兄弟姉妹，父母，祖父母等です。

〔注〕　親族の範囲は，民法第725条に規定されていますが，①6親等内の血族，②配偶者，③3親等内の姻族は親族とされています。「戸籍実務六法」（日本加除出版）には，「親族・親等図表」が掲載されていますので，この図表によって親族の範囲が一目で分かります。

2の「同居していない親族」とは，

事件本人と同居していない親族のことで，届出義務はないが届出はできる者として，届出資格者とされています（戸87条2項）。したがって，事件本人の子，父母，兄弟姉妹等であっても同居していないときは，届出の義務者には当たりませんが，届出資格はありますので，同居していない親族として届出はできます。

3の「同居者」とは，

事件本人と親族関係はないが，事件本人の死亡時に同居して生活を共にしている者が該当することになります。この者は，届出義務者に当たります（同条1項第二）。

4ないし7は，

事件本人が居住していた家屋や土地の所有者又は管理人をいうとさ

れています（昭和11．5．4民事甲361号回答）。これらの者は，届出義務者に当たります（戸87条1項第三）。

8の「公設所」とは，

国又は公共団体等が設置した公の施設をいうとされています（昭和50．9．25民二5667号回答）。なお，公設所の長が届出する場合としては，病院又は刑事施設等の公設所で死亡した場合において，届出人がないか又は届出ができないときは，戸籍法第93条の規定により通常の死亡の届出をすることになります（大正4．7．20民115号回答）。

〔注〕 死刑の執行があったとき又は刑事施設内で死亡した者で引取人がないときは，戸籍法第90条の規定により刑事施設の長から死亡報告がされます。

9ないし12は，

戸籍法の一部を改正する法律（平成19年法律35号）の施行により，戸籍法第87条第2項に後見人等が届出資格者として追加されたものです（平成20．4．7民一1000号通達第7。なお，1000号通達第7は後掲544号通達第2に移行し，削除となっています。）。

なお，任意後見人は，任意後見契約（本人の判断能力が不十分となった場合に財産管理等を行うことをあらかじめ委任しておく契約）の受任者ですが，その権限の行使は，その後に任意後見監督人が選任されたときからであり，それ以前は任意後見受任者にすぎないことから，任意後見人としての権限の行使はできないことに留意する必要があります（任意後見契約に関する法律2条・4条）。しかし，任意後見受任者であっても委任者と相応に密接な関係を有することが通常であり，任意後見人と同様に委任者の死亡について迅速・的確な報告ができる立場であることから，戸籍法の一部を改正する法律（令和元年法律17号）により，新たに「13．任意後見受任者」が追加されました（令和2．4．3民一544号通達第2）。

Q121

死亡届書の「届出人」欄の届出資格は，☐1から☐13まで掲げられていますが，それ以外の者は届出ができないのですか。

A 死亡の届出人については，戸籍法第87条及び同法第93条に規定されています。それ以外の者についての届出は認められていません。

〔注〕 平成23年度全国連合戸籍住民基本台帳事務協議会総会の第65回合同研修会において，数年前から協議問題として「福祉事務所長も死亡届出ができるとする戸籍法第87条の改正要望」が提出され，協議の上要望する旨の決議がされています（「戸籍」876号41頁以下参照）。なお，Q15, Q25を参照願います。

Q122

親族及び同居者のいない者の死亡の届出において，届出資格を記載していない届出がされ，届書の「その他」欄に，親族及び同居者がいないので，民生委員が届出をする旨の記載がされています。この場合，どのように取り扱うことになりますか。

A 民生委員には届出資格がないので，当該届出は受理できないことになります。しかし，死亡の届出義務者又は届出資格者がいない場合で，事件本人（死亡した者）の死亡の事実が死亡診断書又は死体検案書によって明らかなときは，当該届出書類の提出を受けた市区町村長は，その書類を職権記載の申出書とみなし，その書類を資料として管轄法務局の長に職権記載の許可を求め，その許可を得て職権で戸籍の記載をすることになるものと考えます（戸44条3項・24条2項，昭和25.6.20

民事甲1722号回答）。

〔**参考文献**〕「改訂設題解説戸籍実務の処理Ⅶ」86頁以下

(3) 届出人の住所欄

届出人は，すべてその者の住所を記載しなければならないのですか。記載を省略できる場合はありますか。

A 届書には，届出人の出生年月日，住所及び戸籍の表示（本籍及び筆頭者氏名）を記載することとされています。したがって，「住所」は記載しなければなりません（戸29条3号）。

これらの「届出人の出生年月日，住所及び戸籍の表示」の記載は，届出人を特定するために必要とされています（「全訂戸籍法」212頁）。

しかし，公設所の長が届出をする場合は，届出人欄に職名及び氏名を記載するほか公設所名とその所在地を記載することから，届出人は特定されるので，公設所の長の住所，出生年月日及び戸籍の表示の記載は要しないとされています。また，戸籍には公設所名及び職名の記載はしないこととされています（大正4．8．6民1293号回答，大正14．12．12民事10648号通牒，昭和27．1．31民事甲44号回答，昭和31．5．1～2岐阜県連合戸協決議）。

〔**注**〕　医療法人又は個人が経営する病院の管理者が家屋管理人として死亡の届出をする場合，届出人の住所欄に病院の所在地が記載され，届出人欄の署名欄に病院の名称並びに管理者の資格及び氏名が記載され，「その他」欄に「届出人の住所の記載は，病院の所在地である。」旨記載されているときは，届出人欄に，戸籍の表示，出生年月日の記載がされていなくても，届出を受理して差し支えないとされています（平成22．6．24民一1551号通知）。

(4) 届出人の本籍欄

Q124

届出人は，すべてその者の本籍を記載しなければならないのですか。記載を省略できる場合はありますか。

　届書には，届出人の出生年月日，住所及び戸籍の表示（本籍及び筆頭者氏名）を記載することとされています。したがって，「本籍」は記載しなければなりません（戸29条3号）。

　これらの「届出人の出生年月日，住所及び戸籍の表示」の記載は，届出人を特定するために必要とされています（「全訂戸籍法」212頁）。

　しかし，公設所の長が届出をする場合は，公設所名及び職名を届書に記載するが，それは戸籍には記載されません（大正14.12.12民事10648号通牒，昭和27.1.31民事甲44号回答）。また，この場合は，公設所の長の本籍及び出生年月日の記載は要しないとされています（大正4.8.6民1293号回答）し，住所の記載も要しないとされています（昭和31.5.1～2岐阜県連合戸協決議）。

　〔注〕　医療法人又は個人が経営する病院の管理者が家屋管理人として死亡の届出をする場合，届出人の住所欄に病院の所在地が記載され，届出人欄の署名欄に病院の名称並びに管理者の資格及び氏名が記載され，「その他」欄に「届出人の住所の記載は，病院の所在地である。」旨記載されているときは，届出人欄に，戸籍の表示，出生年月日の記載がされていなくても，届出を受理して差し支えないとされています（平成22.6.24民一1551号通知）。

(5) 届出人の署名欄

Q125
　届出人が，署名欄に自ら署名できないときは，どのようにすればよいですか。

A　届出人に代わって，他の者が届出人の氏名を代書するだけで足ります。

　その場合は，届書の「その他」欄に「届出人は署名できないので，代書した。」と記載します（戸規62条）。

(6) 届出人の押印

Q126
　届出人は，署名のほかに，押印をしなくてもよいのですか。

A　戸籍届書における届出人等（届出人，申請人その他の者）の押印については，デジタル社会の形成を図るための関係法律の整備に関する法律（令和3年法律37号・令和3.5.19公布）により戸籍法の一部が改正され，これに伴う戸籍法施行規則の一部改正（令和3年法務省令40号・令和3.9.1施行）により，押印義務は廃止されました。なお，同規則の一部を改正する省令においては，明治以来，戸籍届書には押印することとされ，また，重要な文書に押印してきた我が国の慣習や，婚姻の届出には押印をなくすべきではないとの国民の声などを踏まえ，出生届，婚姻届，離婚届及び死亡届に任意に押印することは可能とされました（令和3.8.27民一1622号通達）。

　したがって，届出人等（署名を代書した場合を含む。）は押印をする義務はありませんが，任意に押印することは差し支えありません。

(7) 届出人の生年月日

Q127

届出人が，署名欄に記入する出生年月日は，必ず記載しなければならないのですか。記載を省略できる場合はありますか。

　届書には，届出人の出生年月日，住所及び戸籍の表示を記載することとされています。したがって，「出生年月日」は記載しなければなりません（戸29条3号）。

　これらの「届出人の出生年月日，住所及び戸籍の表示」の記載は，届出人を特定するために必要とされています（「全訂戸籍法」212頁）。

　しかし，公設所の長が届出をする場合は，公設所名及び職名を届書に記載するが，公設所の長の本籍の表示及び出生年月日の記載は要しないとされています（大正4.8.6民1293号回答）。

〔注〕　医療法人又は個人が経営する病院の管理者が家屋管理人として死亡の届出をする場合，届出人の住所欄に病院の所在地が記載され，届出人欄の署名欄に病院の名称並びに管理者の資格及び氏名が記載され，「その他」欄に「届出人の住所の記載は，病院の所在地である。」旨記載されているときは，届出人欄に，本籍の表示，出生年月日の記載がされていなくても，届出を受理して差し支えないとされています（平成22.6.24民一1551号通知）。

第4 添付書面

1 死亡診断書

Q128

刑事施設に収容中に死亡した者について，同施設の長から死亡報告があったが，死亡診断書又は死体検案書の添付がされていない場合は，どのように取り扱いますか。

　刑事施設の長からの死亡報告には，死亡診断書又は死体検案書の添付を要するとされています（戸90条2項）が，その添付がない場合は，管轄法務局の長の指示を得て処理することになります（昭和28.10.14民事甲1866号回答）。

　刑事施設に収容中に死亡した者について，引取人がないときは，戸籍法第90条第2項の規定により刑事施設の長から死亡報告がされます。また，その者について引取人があっても届出義務者がないか又は届出ができないときは，戸籍法第93条で準用する第56条の規定により，刑事施設の長が通常の死亡の届出をすることになります（大正4.7.20民115号回答）。

1 死亡診断書 | 99

Q129

非本籍地で受理した死亡の届書について，事件本人の氏名と生年月日が戸籍の原本と一部相違があるため，受理地の市区町村長において届出人に補正を求めたところ，補正後の届書の記載と添付の死亡診断書の記載が一致しない場合，どのように取り扱いますか。

死亡の届書には，死亡診断書又は死体検案書を添付することとされ(戸86条2項)，これらの書類は事件本人（死亡した者）の死亡の事実を証するものですから，届書の記載と一致している必要があります。

設問の場合，届書の記載を補正したところ，添付されている死亡診断書と一致しないときは，当該診断書は死亡届書に添付すべき証明書とは認められないことになるので，当該届出は受理できないことになります。

ただし，設問においては届書の補正の経緯等から，届書の記載と添付書類との間に齟齬が生じており，その原因は明確ではないが，死亡診断書（又は死体検案書）に代わる死亡の事実を証すべき書面の提出を求め（同条3項），その取扱いを管轄法務局の長に照会し，その指示を得て処理することも考えられます（標準準則23条）。

〔**参考文献**〕「初任者のための戸籍実務の手引き（改訂新版第六訂）」173頁

Q130

在外公館で受理した死亡届に添付されている死亡診断書について，訳文の添付がない場合は，どのように取り扱いますか。

外国語によって作成された書類については，翻訳者を明らかにした訳文を添付することとされています（戸規63条）。なお，訳文の添付が

なく，そのため市区町村長が届出の内容についての審査ができないときは，当該届出は受理することができないことになります。しかし，市区町村長がその内容を理解し得る場合には，訳文の添付がないときでも受理することができるものと考えます。

なお，在外公館で受理した届出については，訳文の添付がない場合でも，在外公館の長において，当該届出について理解をした上で受理したものと考えられますが，疑義がある場合は，管轄法務局の長の指示を得て処理することになるものと考えます。

〔注〕　昭和59年法務省令第40号をもって戸籍法施行規則の一部が改正され，同規則に第63条の2が新設され，届書に添付する書類その他市区町村長に提出すべき書類で，外国語によって作成されたものについては，届出人は翻訳者の氏名を記載した訳文を添付することとされました。その後，令和元年法務省令第4号をもって，同条は第63条に改正されています。
　　なお，戸籍の実務上は，従来から訳文の添付をすべきものとして取り扱われていました（大正2.12.9民1174回答，昭和29.9.25民事甲1935号回答）。

〔参考先例〕　外国語で作成された書類について訳文を添付すべき書類は，戸籍法第41条の証書の謄本及び同法施行規則第63条によって提出を求められた書類も含まれます（昭和59.11.1民二5500号通達第4の6）。

Q131

死亡届書及び同届書に添付の死亡診断書に基づいて，人口動態調査死亡票作成送付後に，届書に添付の死亡診断書について，作成した医師から誤記訂正の申出があった場合，どのように取り扱いますか。

死亡届書に添付の死亡診断書は，死亡の届出を受理した段階では，届書の記載と一致していることになります。仮に，一致していない場合であれば，当該届出は受理されないことになります。

その届出により戸籍の記載がされた後に，死亡診断書に記載の誤り

があり，それが届書の記載及び戸籍の記載にも誤りが生じている場合は，戸籍訂正申請（戸113条）により戸籍の記載を訂正することになります。

　一方，人口動態調査死亡票作成後に設問のように死亡診断書の誤記の申出があったときは，死亡の届出の翌年5月末日までの申出に限って，市区町村長は管轄保健所長に通知することとされています。この通知を受けた保健所長は，当該医師について調査をし，誤記の事実が明らかになったときは，保健所長は，市区町村長にその旨の回答をします。市区町村長は，この回答に基づき管轄保健所長及び都道府県を経由して死亡票の訂正方を厚生省（現・厚生労働省）に届け出ることになります。また，この死亡診断書の誤記訂正申出が，死亡の届出のあった年の翌年の5月末日を経過した後にされたときは，市区町村長は受理しないこととされています（昭和48．8．23民二6498号・厚生省統発330号通達，昭和54．9．1民二4481号・厚生省統発317号通達）。

〔参考文献〕「改訂設題解説戸籍実務の処理Ⅶ」100頁以下

Q132

死亡届書に添付した死亡診断書に誤記があるとして届出人又は作成した医師から誤記訂正の申出があった場合，どのように取り扱いますか。

　死亡届書により戸籍の記載がされた後，その死亡診断書の誤記によって届出に錯誤が生じ，戸籍の記載にも錯誤が生じている場合は，戸籍訂正申請（戸113条）によって是正する必要があります。また，人口動態調査死亡票作成送付後は，その訂正手続をすることになります。その場合についてはQ131を参照願います。

Q133

死亡の届出をする場合に，死亡診断書又は死体検案書を添付できない場合は，どのような証明書を添付することになりますか。

死亡の事実を証すべき書面を添付することになります（戸86条3項）。その場合は，死亡診断書又は死体検案書が得られない事由を，届書の「その他」欄に記載することになります（同項）。

なお，死亡診断書又は死体検案書を添付できないため，それに代えて死亡の事実を証すべき書面を添付した死亡の届出がされた場合は，管轄法務局の長の指示を得て処理することになります（大正14．1．7民事12645号回答，昭和23．12．1民事甲1998号回答，昭和35．8．4民事甲1972号回答）。

死亡の事実を証すべき書面として，戸籍の先例上において次のような書面が掲記されています。

① 犯罪によって死亡した者について刑事判決の謄抄本（大正5．10．26民921号回答）

② 船舶遭難の際に死亡した船員につき，死亡した兄から在外公館の長の認証を得た船長等乗組員の証明書（大正6．9．26民1827号回答）

③ 外国に稼動中に死亡した者について，その事実を知るその者の友人の書信（大正8．6．4民事1518号回答）

④ 震災死亡者について，火葬した者，死亡を実見した者等の証明書（大正12．9．28民事3370号回答）

⑤ 在外邦人について，在留日本人会長等の証明書（昭和19．6．22民事甲446号通牒）

⑥ 戦乱に際し避難の途中に死亡したフィリピン在留邦人について，引揚者の実況証明書（昭和20．12．6民事特甲631号回答）

⑦ 戦争その他の事故で外国において死亡した者について，官公署の証明書（昭和21．5．31民事甲358号通牒二）

⑧　大洪水で遭難した事実が明らかである場合における近隣者の証明書，葬儀を営んだ親族及び僧侶の証明書（昭和22.12.4民事甲1717号回答）

⑨　外国からの引揚者の作成した死亡現認書（昭和24.3.25民事甲654号通達，昭和24.6.9民事甲1309号通達）

〔**参考文献**〕「初任者のための戸籍実務の手引き（改訂新版第六訂）」174頁，「改訂設題解説戸籍実務の処理Ⅶ」35頁以下

2　死体検案書

Q134

戸籍法第92条による警察官の死亡報告に添付する検視調書は，その調書に限られますか。

戸籍実務の先例（大正13.1.30民事169号回答）は，検視調書謄本でも差し支えないとしていますが，この検視調書の添付については，次のような変遷があります。

昭和42年8月11日民事甲第2200号通達において，戸籍法第92条第1項の検視調書として死体見分調書を用いることができるとされました。これは，従来，「死体取扱規則」（昭和33年国家公安委員会規則4号）において，身元不明の死体については，その死亡が犯罪に起因すると否とを問わず，検視調書を作成して死亡報告をすることとされていました（同規則9条）。

この検視調書は，死体見分調書（同規則4条）とその内容においてほとんど同一であることから，昭和42年国家公安委員会規則第6号をもって，同規則の一部が改正された際に，死体が犯罪に起因しないことが明らかなものであるときは，検視調書として死体見分調書（同規則別記様式1号）を用いることができることとされました（前掲民事甲2200号通達参照）。

ところが，平成25年国家公安委員会規則第4号をもって従前の「死体取扱規則」(昭和33年国家公安委員会規則4号)の全部を改正する規則が制定され(平成25年4月1日施行)，同規則第7条第1項において，戸籍法第92条第1項の規定による死亡報告書の検視調書として本籍等不明死体調査書(同規則別記様式4号)を添付して行うこととされました(平成25. 3. 25民一305号通達)。

また，戸籍法第92条第2項に規定する報告は，同規則第7条第2項の規定において「死亡者の本籍等判明報告書」(同規則別記様式5号)により行うこととされました(前掲民一305号通達)。

前掲民一305号通達により，従前の民事甲第2200号通達による取扱いは，変更又は廃止されました(前掲民一305号通達)。

3 その他死亡を証する書類

Q135 水害による大洪水で遭難した者が，発見されない場合の死亡の届出は，どのようになりますか。

戸籍法第89条の規定により，取調べをした官公署の死亡報告がされる場合であっても，届出義務者から死亡の事実を証する書面を添付して届出がされる場合が考えられます。例えば，行方不明後2か年間捜索したが，遺体が発見されず死亡したものとみなすとの地元の村長，駐在所巡査，遭難時の目撃者，親族の証明書，さらに事件本人は遭難時に死亡したものと認め，戒名を附し仮葬儀を済ませたとの親族及び僧侶の証明書の添付された死亡の届出について，届出された市区町村長から管轄法務局の長に受理照会された事案において，受理して差し支えないとされた事例があります(昭和25. 9. 5民事甲2426号回答)。

「死亡の事実を証すべき書面」として，戸籍実務の先例上では次のようなものがあります。

なお，Q133を参照願います。

① 官公署の調査に基づく死亡確実である旨の証明書（昭和21．5．31民事甲358号通牒，平成23．4．19民一1002号回答）

② 水難死亡者につき船長の証明書（大正6．9．26民1827号回答）

③ 死亡現認書（昭和24．3．25民事甲654号通達，昭和24．6．9民事甲1309号通達）

④ 状況目撃者の事実陳述書（昭和20．12．6民事特甲631号回答）

⑤ 死亡の事実を知る者の書信（大正8．6．4民事1518号回答）

また，平成23年3月に発生した東日本大震災に関する通知（平成23．6．7民一1364号通知）では，上記の書面として次のものが示されています。

① 届出人の申述書

② 事件本人の被災の状況を現認した者，事件本人の被災直前の状況を目撃した者等の申述書

③ 事件本人が東日本大震災の発生時に被災地域にいたことを強く推測させる客観的資料（在勤を証明する資料，在学を証明する資料等）

④ 事件本人の行方が判明していない旨の公的機関の証明書又は報告書

⑤ その他参考となる書面（新聞等の報道資料，僧侶等の葬儀執行証明書等）

〔注〕 死亡診断書又は死体検案書が添付されていない死亡の届出には，特に死亡の事実を慎重に調査確認を要することから，市区町村長は，届書の受否について管轄法務局の長に指示を求め（標準準則23条），その調査の結果に基づく指示を得て処理をすべきものとされています（大正14．1．7民事12645号回答，昭和23．12．1民事甲1998号回答，昭和35．8．4民事甲1972号回答）。

〔参考文献〕 「改訂設題解説戸籍実務の処理Ⅶ」35頁・93頁

Q136

犯罪により死亡した者についての死亡の届出において，死体検案書，検視調書又は医師の死亡診断書を得ることができないときは，判決の謄本又は抄本を添付して届出ができますか。

　設問の事案については，死亡の届出人が医師の死亡診断書，死体検案書又は警察官の検視調書が得られない状況につき，当該届出人が判決の謄本又は抄本の交付請求をしたときは，便宜交付されるので，それを添付して届出が認められるとした事例があります（大正5.10.26民921号回答参照）。

Q137

死亡届に添付する死亡診断書が，担当医師が死亡し又は所在不明のため添付できないときは，市区町村長が作成した埋火葬認許交付簿謄本又は埋火葬を行った神職僧侶の証明書を添付した死亡の届出はできますか。

　死亡の事実が明らかな場合は，受理できるとされています（大正8.6.26民事841号回答10）。なお，設問のような場合は，管轄法務局の長に受理照会し，その指示を得て処理することとされています（大正14.1.7民事12645号回答，昭和23.12.1民事甲1998号回答，昭和35.8.4民事甲1972号回答）。

〔参考先例〕　昭和4.1.31民事721号回答23，昭和6.7.7民事724号回答33

Q138

僻地で医師がいないため，死亡の届出に際して死亡診断書又は死体検案書が添付できない場合，寺院の住職又は集落の自治会長等の証明書を添付した届出はできますか。

設問の証明書を死亡の事実を証する書面として死亡届に添付することは差し支えないが，これをもって死亡診断書又は死体検案書に代えることはできないとされています（昭和18.12.20民事甲979号回答）。このような書面が添付された届出については，管轄法務局の長に受理照会し，その指示を得て受否を決定することとされています（大正14.1.7民事12645号回答，昭和23.12.1民事甲1998号回答，昭和35.8.4民事甲1972号回答）。

死亡報告

1　死亡報告一般

Q139

死亡報告においては，その報告書に取調べをした官公署の長の職氏名を記載し，職印を押すことになりますか。

　水難等による死亡報告（戸89条）は，死亡認定事務取扱規程（昭和28．7．7海上保安庁通達17号）第10条の規定によってされますが，その報告書には，報告者の官庁の所在及び報告者の職，氏名を記載し，印（職印）を押すことになっています（同規程10条・4号様式参照）。

　また，公設所の長や管理人からの報告（戸93条・56条），あるいは警察官からの本籍不明者・認識不能者の報告（戸92条）においても，その報告書は同様の取扱いがされることになっています（昭和28．5．28民事甲910号回答）。

2　事変による死亡報告

Q140

地震や海難事故により死亡したことの蓋然性が高いが，遺体が発見されない場合は，どのようになりますか。

　我が国における過去の地震，津波，戦災，海難等の事変によって死亡した者あるいは死亡したことの確率が極めて高いが遺体が発見されない者は，発生する事変によって相当数にのぼっているとされていま

す〔注〕。

　これらの事変による死亡の届出，死亡報告等については，死亡を証する書面，事件本人の確認，死亡の蓋然性が高い者の死亡の認定等その手続については困難な問題が生じます。

　設問の場合，遺体が発見されない場合でも死亡したことが確実と認められるときは，民法第30条に規定する失踪宣告の手続（家事法148条）を経るまでもなく，その事変について取調べをした官公署が死亡の認定をし，その死亡報告がされたときは，その報告に基づき戸籍に死亡の記載ができるとされています（昭和33. 2. 1民事甲229号回答）。また，東日本大震災の取扱いについては，平成23年6月7日法務省民一第1364号法務省民事局民事一課長通知が発出されています。なお，設問に関連する手続等については，Q45を参照願います。

〔注〕　令和6年3月8日現在の東日本大震災による死者は15,900人，行方不明者は2,520人，身元不明者は53人とされています（同年3月8日警察庁発表）。また，平成7年1月17日の阪神・淡路大震災では死者行方不明者は6千人を超え（消防庁調べ，平成17年12月22日現在），昭和20年8月に終戦となった太平洋戦争では，空襲による死者33万人・負傷者43万人・被災人口970万人に及んだとされています（日本経済新聞・平成23. 8. 10朝刊による。）。さらには，大正12年9月1日の関東大震災では死者・行方不明者は10万5,000人を超えたとされています（理科年表（丸善発行・文部科学省国立天文台編集）・2006年度版）。

〔参考先例〕　平成23. 6. 7民一1364号通知

〔参考文献〕　「滅失戸籍再製の実務」99頁以下，「戸籍」857号73頁以下

Q*141*

地震や海難事故により死亡し、その捜索をした官公署から死亡報告がされた場合は、死亡の届出及び戸籍の記載はどのようになりますか。

水難、火災その他の事変によって死亡した者がある場合には、その取調べをした官庁又は公署は死亡地の市区町村長に死亡の報告をすることとされています（戸89条）。これは、これらの事変により死亡した者がある場合は、通常、届出人による死亡の届出が期待することができないこと、また、事変の取調べをした官公署の資料によるほうが届出人の届出より正確を期し得るということのためです。戸籍の記載は、死亡の報告書に基づいて記載することになります（戸15条）。

なお、前記の死亡報告がされる前に、死亡の届出義務者等から死体検案書等を添付して届出がされたときは、これを受理し、その届出に基づいて戸籍の記載をして差し支えないとされています（昭和24.9.24民事甲2201号回答）。その後に死亡報告が官公署からされたときは、その報告と届出による戸籍の記載とを対照し、戸籍の記載に錯誤があるときは訂正をすることとされています。そして死亡報告書は戸籍の記載を要しない書類として保存することになります（戸規50条）。

Q*142*

地震や海難事故により死亡し、その捜索をした官公署から死亡報告がされた場合は、届出義務者からの届出はできないことになりますか。

死亡報告がされる前に、届出義務者等が死体検案書等を添付して届出をしたときは、受理されます（昭和24.9.24民事甲2201号回答）。

〔**参考文献**〕「改訂設題解説戸籍実務の処理Ⅶ」35頁以下

Q143

海上保安庁の保安官は，戸籍法第92条第1項に規定する死亡報告ができますか。

　身元不明の水難者を取り調べた海上保安官には，戸籍法第92条第1項の規定が類推適用されるので，警察官と同様に死亡報告をすることができるとされています（昭和38．7．12民事甲2009号回答）。

Q144

炭鉱爆発による事変によって遺体は発見されないが，死亡の事実が確認できるとして取調べをした官公署から死亡報告がされたときは，受理できますか。

　炭鉱爆発の事変により死亡した者がある場合は，その取調べをした官公署は，死亡地の市区町村長に死亡報告をしなければならないとされています（戸89条）。

　設問のように遺体が発見されない場合において，死亡の蓋然性が高いときは，死亡報告により戸籍に死亡の記載ができるとされています（大正4．6．12民784号回答）。

　なお，Q140を参照願います。

Q145

海難事故による行方不明者の死亡報告及び戸籍法第89条（事変による死亡報告）を取り扱う官公署は，どこになりますか。

死亡報告すべき官公署は，発生した事変について取調べをした官公署であり，その取調べにつき一応の権限を有するものであればよいとされています。例えば，海難事故による死亡の場合は，海上保安庁又はその下部機関がこれに該当するとされています（昭和24．3．15民事甲252号通達）。また，海難による場合でもその遺体を発見し，その取調べをした官公署が他にある場合は，その官公署が死亡報告をすることになりますので，必ずしも海上保安庁のみに限られるわけではないとされています（昭和25．2．8民事甲343号通達）。

そのほか外国水域の海難事故について取調べをした領事（大正4．2．19民224号回答），あるいは国内の沿岸又は河川における遭難において，その地の市区町村長が水難救護法（明治32年法律95号）によって水難の取調べに当たった場合は，当該市区町村長も死亡報告が認められるとしています（大正4．7．13民1022号回答）。

また，軍人・軍属の死亡については，地方自治法施行後都道府県知事がその取調べを担当し（昭和22．5．7民事甲381号通達，昭和22．12．6民事甲1683号通達），外地未引揚邦人の死亡の認定については，厚生省（現厚生労働省）及び都道府県において行い，死亡報告は都道府県知事が行うこととされています（昭和29．5．21民事甲1005号通達）。

なお，海上保安庁においては，適切な死亡報告をするため，その取調べをした船舶の遭難，船舶からの投身，転落その他海上における事故による行方不明者の死亡認定の手続のため「死亡認定事務取扱規程」（昭和28．7．7海上保安庁通達17号）を定めています。

〔参考文献〕「全訂戸籍法」395頁以下

Q146

一家の全員殺害又は自殺の場合は、戸籍法第89条の「その他の事変による死亡報告」として取り扱うことになりますか。

戸籍実務の先例は、戸籍法第89条の「その他の事変」に準じて取り扱うのが相当としています（昭和24.4.6民事甲3189号回答）。

〔注〕 本先例は、戸籍法第89条に規定する「その他の事変」とは、①洪水、山崩れ等の天災異変にして殺害、自殺等は含まないとする説と、②殺害、自殺等の人的異変をも含むとする説に分かれ、疑義があるとする照会に対し、②については、戸籍法第89条の「その他の事変」に準じて取り扱うのが相当であるとされたものです（前掲民事甲3189号回答）。

Q147

海難事故により死亡した者について、海上保安庁等より死亡報告がされる前に、同居の親族等から死体検案書を添付して死亡の届出がされ、これを受理した後、取調べをした官公署から死亡報告がされた場合、どのように取り扱うことになりますか。

取調べをした官公署から死亡報告がされた場合は、先に届出された死亡届に基づき記載した戸籍と対照し、戸籍の記載に過誤がある場合は、戸籍訂正の手続をすることになります。また、死亡報告書は戸籍法施行規則第50条の規定により戸籍の記載を要しないつづりにつづって保存することになります（昭和24.9.24民事甲2201号回答）。

なお、Q142を参照願います。

Q148

海難事故により行方不明者の死亡認定の手続が完了した後に生還した者について，海上保安本部長から死亡報告取消の通知があった場合は，どのように処理しますか。

市区町村長限りの職権により戸籍訂正をして差し支えないとされています（昭和24.11.17民事甲2681号通達，昭和24.11.25民事甲2732号回答，昭和33.2.1民事甲229号回答）。

死亡報告に基づいて戸籍の記載をした後に事件本人の生存が判明し，市区町村長に対し所管の官公署から死亡報告の取消通知がなされた場合は，便宜，市区町村長限りの職権で死亡の記載を抹消すべきものとされています（昭和25.9.22民事甲2605号通達）。また，先になされた死亡報告事項に錯誤又は遺漏があり，その訂正方の通知があったときも，同様に市区町村長限りの職権で戸籍の記載を訂正することとされています（昭和29.4.21民事甲873号回答）。

なお，設問の場合の死亡報告取消の通知は，「死亡認定事務取扱規程」（昭和28.7.7海上保安庁通達17号）第18条の規定において第9号様式によるとされ，その正本が事件本人の本籍地の市区町村長に送付されることになっています。

〔**参考文献**〕「改訂設題解説戸籍実務の処理Ⅶ」28頁以下

Q149

海難事故により行方不明者の死亡報告について，死亡地の認定が困難な場合は，どこの市区町村長に報告することになりますか。

死亡の場所が，領海内である場合には，最寄りの市区町村長とされています（昭和25．1．6民事甲2号回答,「死亡認定事務取扱規程」（昭和28．7．7海上保安庁通達17号）10条1号）。

その最寄りの市区町村の判別が困難な場合又は死亡の場所が領海外の場合あるいは死亡の場所が明確でない場合は，事件本人の本籍地の市区町村長へ報告することとされています（昭和25．7．1民事甲1677号通達，前掲規程10条2号）。

Q150

洪水により激流に流されて行方不明になった者が，その後2か年経過しても遺体が発見されない場合，戸籍の処理はどのようになりますか。

設問のような場合の死亡の届出については，死亡を証する書面の収集等や事件本人が事故に遭遇した状況を現認した者の有無の調査など，死亡の蓋然性が高いと認定する等の手続については困難な問題が生じます。

一般的には，遺体が発見されない場合でも死亡したことが確実と認められるときは，民法第30条に規定する失踪宣告の手続（家事法148条）を経るまでもなく，その事変について取調べをした官公署が死亡の認定をし，その死亡報告がされたときは，その報告に基づき戸籍に死亡の記載ができるとされています（昭和33．2．1民事甲229号回答）。

また，設問のような事例については，目撃者の証明書，死亡したと認め戒名を附し仮葬儀を済ませたことの親族及び僧侶の証明書を添付して届出されたときは，管轄法務局の長に受理照会をし，その指示を得て処理することとされています（昭和22.12. 4民事甲1717号回答，昭和25. 9. 5民事甲2426号回答）。

Q151

　河川の決壊又は山崩れ等のため行方不明となり，死亡と確認された者について，戸籍の届出，戸籍の記載は，どのようになりますか。

　戸籍法第89条の規定により，死亡したことが確実と認められるものについては，その災害について取調べをした官公署が死亡報告をし，その報告に基づいて戸籍に死亡の記載をすることになります（昭和33. 2. 1民事甲229号回答）。

　また，届出義務者又は届出資格者からの「死亡の事実を証すべき書面」（生存の見込みのないことについて，同じ災害に遭遇した近隣者の証明書，当該災害のため死亡したものと認め葬儀を営んだことの親族及び僧侶の証明書等）を添付して死亡の届出がされたときは，届出地の市区町村長は管轄法務局の長に受理照会をし，その指示を得て受否を決定することになります（昭和28. 8. 3民事甲1328号回答）。

　なお，「死亡の事実を証すべき書面」については，Q133・Q135を参照願います。

〔参考先例〕　昭和22.12. 4民事甲1717号回答

3 身元不明者の死亡

Q152

事件本人（死亡した者）の本籍，氏名が架空のもので，その者の本籍，氏名が明らかでない場合は，死亡の届出はどのようになりますか。

　設問の場合の事件本人は，本籍が明らかでない場合又は死亡者を認識することができない場合に当たります。この場合，警察官は，検視調書として本籍等不明死体調査書（「死体取扱規則」（平成25年国家公安委員会規則4号）別記様式4号）を添付して死亡地の市区町村長に死亡の報告をすることになります（戸92条1項）。

　上記の報告をした後，事件本人の本籍が明らかになり，又はその者を認識することができるに至ったときは，警察官は「死亡者の本籍等判明報告書」（前記規則別記様式5号）により報告することになります（同条2項）。この報告と先の死亡報告によって戸籍の記載をします。

　なお，警察官が戸籍法第92条第1項の死亡報告をした後に，死亡の届出義務者である同居の親族（戸87条1項第一）又はその他の同居者（同項第二）が，事件本人を認識したときは，その日から10日以内に死亡の届出をすることになります（戸92条3項）。その届出が，警察官からの本籍等判明報告（同条2項）より先にされたときは，その届出に基づいて戸籍の記載をします。

　なお，Q134を参照願います。

〔注〕
　1　本籍不明者の死亡について，警察官の死亡報告に添付する検視調書として「本籍等不明死体調査書」を添付して行うことになりました（平成25.3.25民一305号通達）。
　2　警察官の死亡報告がされた後，事件本人の本籍が明らかになり又はその者を認識するに至ったが，その報告（「死亡者の本籍等判明報告書」）が警察官からされないうちに，同居の親族又はその他の同居者から死亡の届出がされ

たときは，その届出によって戸籍の記載をすることになります。その場合は，先の警察官からの死亡報告及びその後の本籍等判明報告は，戸籍の記載を要しない書類として保存することになります（戸規50条，昭和24．9．30民事甲2175号回答）。

3　戸籍法第92条第1項の死亡報告を受けた市区町村長は，死亡した者の本籍が判明しない限り，戸籍の記載はできないので，戸籍受付帳に記載して（昭和26．7．23民事甲1505号回答），保管することになります（戸規50条，昭和25．2．16民事甲450号回答，標準準則37条2項・付録28号様式）。

4　死亡した者に雇主がいて，その雇用中に死亡したときは，雇主等の同居者が通常の死亡の届出をし（本籍不詳とし，氏名は通称名を記載する。），その後本籍が判明したときは，本籍分明届（戸26条）をすることになります。なお，Q77を参照願います。

Q153

非本籍地の市区町村長が受理した死亡の届出について，本籍地の市区町村長から該当者がいないとして連絡があった場合において，届出人に通知したところ本籍不明者で，氏名は通称名である旨の申出がされ，その後，本籍及び氏名が判明した旨の申出がされたときは，どのように取り扱いますか。

死亡届書に本籍の記載がないか又は誤った記載がされているときは，本籍分明届（戸26条）によっても差し支えないが，先の届出と氏名が相違していることになるので，管轄法務局の長に受理照会し，その指示を得て処理することになります（昭和57．12．25民二7679号回答）。

また，死亡届書に正しい本籍が記載されているときは，氏名が相違しているので，追完届によることになります。この場合は，先の死亡届には誤った死亡診断書が添付されているので，それを作成した医師から正しい死亡診断書とその理由書の提出を得た上で，同様に受理照会し，その指示を得て処理することになります（前掲民二7679号回答）。

〔参考先例〕　昭和28．10．31民事甲2028号回答，昭和33．8．26民事二398号回答

Q154

本籍不明者の死亡報告がされていたところ，その者の本籍が明らかになった場合は，どのようになりますか。

警察官は，先に本籍が明らかでないとして死亡報告している市区町村長に，事件本人（死亡した者）の本籍等が判明した旨の「死亡者の本籍等判明報告書」を提出することになります（戸92条2項）。その報告がされた市区町村長は，法務大臣の使用に係る戸籍情報連携システムに当該情報を提供することになります。

本籍地の市区町村長は，法務大臣からの通知に基づいて死亡の処理をします（戸15条）。

なお，事件本人の本籍が明らかになった場合は，先に死亡報告した警察官は前記のとおり報告することになりますが，事件本人の死亡届出義務者（同居の親族又はその他の同居者）が，事件本人を認識したときは，その日から10日以内に死亡の届出をすることになります（戸92条3項）。その届出が警察官からの本籍等判明報告（同条2項）より先に届出されたときは，その届出に基づいて死亡の記載をします（戸15条）。その場合は，警察官からの死亡報告書（戸92条1項）及びその後の本籍等判明報告書（同条2項）は戸籍の記載を要しない書類として，報告を受けた市区町村長において保存することになります（戸規50条1項，昭和24.9.30民事甲2175号回答）。

Q155

本籍不明者の死亡報告がされていたところ，その者の本籍が明らかになったが，届出義務者が届出をしない場合は，どのようになりますか。

本籍不明者として死亡報告がされていた者が，その後，本籍が明らかになったときは，戸籍法第92条第2項の規定により，警察官からその旨の報告（「死亡者の本籍等判明報告書」）がされます。その報告を受理した市区町村長は，法務大臣の使用に係る戸籍情報連携システムに当該情報を提供し，法務大臣からの通知を受けた本籍地の市区町村において死亡の記載をします（戸15条）。

事件本人の本籍が明らかになった場合は，その者の死亡届出義務者（同居の親族又はその他の同居者）は死亡の届出をすることになります（戸92条3項）。その届出が同条第2項の警察官からの本籍等判明報告がされる前であるときは，その届出に基づいて戸籍の記載をしますので，その後に警察官から同条第2項の報告があっても，それによって戸籍の記載をすることはありません（Q152を参照）。しかし，設問ではこの届出義務者が届出をしない場合ですから，冒頭の取扱いによることになります。

〔注〕 戸籍法第92条第2項の報告又は第3項の届出が併行して規定されているのは，戸籍の記載が漏れなく正確にされるためであるとされています（「全訂戸籍法」401頁参照）。したがって，報告又は届出のいずれか先にされたものによって戸籍の記載がされます。なお，同条第3項の届出人については，届出期間を除いて同法の通常の死亡届の規定が適用されます（「全訂戸籍法」400頁参照）。

Q156

本籍不明者の死亡の届出を雇用主がする場合，届出資格を同居者とし，事件本人（死亡した者）の氏名を生前に自称していた氏名を記載して届出をすることができますか。

雇用主が，本籍不明者を雇用中にその者が死亡したときは，戸籍法第92条に規定する本籍不明者又は死亡者を認識できない場合にする警察官からの死亡報告の手続をすべきではないとされています（大正5.10.26民789号回答，大正10.1.18民事4023号回答，昭和57.12.25民二7679号回答）。

この場合は，雇用主等が同居者として届出人となり，通常の死亡の届出（本籍不明とし，氏名は通称名を記載—前掲民789号回答）をすることになります。その後，本籍及び氏名が判明したときは，届出人が本籍分明届（戸26条）をすることになります。

〔参考文献〕「改訂設題解説戸籍実務の処理Ⅶ」39頁以下

Q157

本籍不明者の死亡について，事件本人（死亡した者）の利害関係人から申出がされ，申出をされた市区町村長が当該死亡の申出書を仮に受付して保管中のところ，その後本籍が明らかになったが，届出義務者がいないか又は届出をしない場合は，どのようになりますか。

利害関係人からの申出を仮に受付していた申出書に基づき，管轄法務局の長の許可を得て職権で死亡の記載をすることになります（旧戸籍法64条3項・現戸籍法44条3項，大正5.3.23民319号回答，大正14.6.5民事5011号通牒，昭和25.6.20民事甲1722号回答）。

〔**参考文献**〕「改訂設題解説戸籍実務の処理Ⅶ」86頁以下

Q158

　本籍不明者がその者の住所において病死した場合，同居者又は家主がいる場合，それらの者から死亡の届出ができますか。それとも警察官からの死亡報告をすることになりますか。
　その後，死亡者の本籍が判明した場合は，どのようになりますか。

　同居者又は家主は，死亡の届出義務者とされていますから，それらの者が届出をすることになります（戸87条1項）。したがって，警察官から死亡報告をすることにはなりません（大正10．1．18民事4023号回答）。
　なお，事件本人（死亡した者）の本籍が判明した場合は，死亡の届出義務者が本籍分明届（戸26条）をすることになります（前掲民事4023号回答，昭和57．12．25民二7679号回答）。

Q159

　本籍・氏名不分明者を警察官から行旅病者として引き渡され，市区町村において収容中のところ，その者が死亡した場合の死亡の届出はだれがすることになりますか。

　収容している施設の長又は管理人が，家屋管理人の資格で死亡の届出義務者になります（戸87条1項第三，昭和11．5．4民事甲361号回答）。

Q160

出生の届出未済と認められる嬰児又は幼児の遺棄死体が発見され，警察官から棄児発見の申出及び死亡の届出がされたときは，その申出を受けた市区町村長は，どのように取り扱いますか。

申出を受けた市区町村長は，当該嬰児又は幼児について新戸籍を編製し，さらに死亡の届出に基づき戸籍に死亡の記載をすることになります（昭和30.9.21民事甲1999号回答）。

設問の場合は，警察官が死亡の届出未済と認められる嬰児及び幼児の遺棄死体発見の申告を受けたときは，戸籍法第57条第1項及び第58条の規定を類推して，発見地の市区町村長に棄児発見の申出及び死亡の届出をしなければならないことになります（昭和23.10.11厚生省発予70号厚生省予防局長・法務庁民事局長通達）。

この死亡の届出及び棄児発見の申出を受けた市区町村長は，まず棄児発見の申出に基づき「棄児発見調書」を作成し，所要事項を記載します（標準準則40条2項・付録31号書式）。この棄児発見調書は届書とみなされます（戸57条2項）ので，この調書に基づいて棄児につき新戸籍編製をします。そして死亡の届出に基づきその戸籍に死亡の記載をし，人口動態調査票を作成することになります（前掲通達）。

〔注〕「棄児発見調書」については，行政手続における特定の個人を識別するための番号の利用等に関する法律等の一部を改正する法律（令和5年法律48号・令和5.6.9公布）による戸籍法の一部改正により，新たに「氏名の振り仮名」を記載しなければならないとされています。なお，同改正は，公布の日から起算して2年を超えない範囲内において政令で定める日（令和7.5.26）とされています。

〔参考文献〕「改訂設題解説戸籍実務の処理Ⅶ」9頁以下

Q161

非本籍地で受理した死亡の届出について，事件本人は本籍地において現に生存していることが明らかな場合，当該死亡届出書類は，どのように処理することになりますか。

設問は，事件本人が本籍地において生存していることが，本籍地の市区町村長及び近親者において確認される事案につき，その死亡届出書類の取扱いについて管轄法務局の長に指示を求めることになる場合で，特殊な事案と考えられます。

指示を求められた管轄法務局の長の事実調査において，事件本人の生存が認められる場合は，当該届出は錯誤又は虚偽のものと考えられるので，戸籍の記載はすべきでない旨の指示がされることになるものと考えられます。

この場合は，本籍地の市区町村長は，管轄法務局の長の指示を受けた旨を受理地の市区町村長に通知することになります。これにより受理地の市区町村長は届出人に対し，当該届出について追完の届出をさせることになります（戸45条，昭和33.11.18民事二547号回答）。届出人が追完の届出をしないときは，当該届出書類は本籍不明の届書類として保存することになるものと考えます。

〔注〕 当該死亡届に記載された事件本人の正しい本籍，氏名等が判明し，その追完の届出がされたときは，先に受理した死亡届と合わせて1件の届書として戸籍の処理をすることになります。この場合は，本籍分明届によってもよいとされています（昭和28.10.31民事甲2028号回答）。もし本籍等が判明しないとして本籍不明の追完の届出がされたときは，先に受理した死亡届に追完届を添付し，本籍不明の届書類として一括保存することになるとされています（大正3.11.17民1599号回答，標準準則37条2項）。

〔**参考文献**〕「改訂設題解説戸籍実務の処理 XXI」360頁以下

Q162

通称の氏名による死亡の届出のため，本籍不明者として届出書類を保管していたところ，死亡者の本籍氏名が判明した場合，どのように取り扱いますか。

　死亡届書に本籍の記載がないか又は誤った記載がされている場合は，本籍分明届をします（戸26条）。この場合は氏名について，通称名と正式名との間のくいちがいがあるので，管轄法務局の長の指示を得て処理することになります（昭和57.12.25民二7679号回答）。また，死亡届書に正しい本籍が記載されている場合は，追完の届出をします。この場合は先の死亡届書に添付の死亡診断書の氏名に誤りがあることになりますから，医師から正しい死亡診断書とその理由書の提出を得た上で，管轄法務局の長の指示を得て処理することになります（前掲民二7679号回答）。

設問の場合，届出人から取下げの申出がされても，これに応ずることができないとされています（前掲民二7679回答）。

〔**参考先例**〕 昭和28.10.31民事甲2028号回答，昭和33.8.26民事二398号回答

Q163

本籍不明者・認識不能者の死亡報告があった後，死亡者の本籍が明らかになり，又は死亡者を認識することができることになったとして，警察官から報告される前に，死亡の届出義務者から届出がされた場合，どのように取り扱いますか。

　死亡の届出義務者からの死亡の届出を受理し，その届書に基づいて戸籍の記載をします（戸15条）。

戸籍法第92条第3項の規定は、警察官から本籍不明者又は認識不能者として死亡報告された場合（同条1項）でも、事件本人（死亡した者）の死出届義務者である同居の親族又はその他の同居者（戸87条1項第一又は第二）は、死亡者を認識した日から10日以内に届出をしなければならないとしています（戸92条3項）。したがって、その届出がされたときは、当該届出を受理して戸籍の記載をすることになります。

その後に警察官から、死亡者の本籍が明らかになり、又は死亡者を認識することができるに至ったとして、同条第2項の報告がされたときは、既に死亡の届出により戸籍の記載がされているので、その報告書は受理できませんが、便宜戸籍発収簿（標準準則28条）に記載して、先の死亡報告書とともに戸籍の記載を要しない書類として保存することになります（戸規50条、昭和24．9．30民事甲2175号回答）。

〔**参考文献**〕「改訂設題解説戸籍実務の処理Ⅶ」42頁以下

4 その他の死亡報告

Q164

　地震、火災、水難その他の事変により、数年前に死亡した者が未だ戸籍から消除されていない場合は、どのように取り扱うことになりますか。

　地震、水難、火災その他の事変により死亡した者がある場合は、その取調べをした官公署が、死亡地の市区町村長に死亡の報告をすることとされています（戸89条）。

　このような事変による死亡の場合は、通常の死亡の届出のように届出義務者からの届出は一般的に困難な場合があるため、取調べをした官公署から報告することとされています。また、取調べをした官公署からの報告によって処理するときは、直接その取調べをしていること

から，正確かつ迅速な報告がなされることが期待されるため，それが認められているものです。

　なお，この場合でも届出義務者から死亡診断書（又は死体検案書）を添付して死亡の届出がされたときは，その届出は受理されることになります（昭和24．9．24民事甲2201号回答）。

　設問の場合は，取調べをした官公署からの死亡の報告がされず，また，届出義務者からの死亡の届出がされなかったものと考えられます。この場合は，取調べをした官公署からの死亡報告の手続を進めることも考えられます。

　水難救護法（明治32年法律95号）によって水難の取調べに当たったのが市区町村長であるときは，その市区町村長が死亡報告をすることができるとされています（大正4．7．13民1022号回答）。

　また，事変によって死亡したことを現認した者の証明書，当該事変のため死亡したものと認め葬儀を営んだことの親族及び僧侶の証明書等を添付して死亡の届出がされたときは，管轄法務局の長に受理照会をし，その指示を得て処理することも考えられます（昭和28．9．11民事甲1610号回答）。

　しかし，前記のいずれによっても死亡の事実を証することができず，事件本人の生死が一定期間以上長期にわたる場合は，失踪宣告の審判を得た上で失踪の届出をし（民30条，戸94条，家事法148条・別表第一56），戸籍から消除することになるものと考えます（法定記載例142）。

〔**参考先例**〕　大正4．1．15民1717号回答九，昭和22.12.4民事甲1717号回答，昭和25．9．5民事甲2426号回答，昭和28．8．3民事甲1328号回答，昭和41.12.20民事甲3633号回答

第6 交通機関の中の死亡

Q165
電車その他の交通機関に乗っているときに死亡した場合，その死亡の届出はどのようになりますか。

　　事件本人（死亡した者）をその交通機関から降ろした地の市区町村長に届出をすることができます（戸88条2項）。なお，届出は死亡地ですることもできますが（同条1項），届出は，一般原則である事件本人の本籍地又は届出人の所在地ですることとされています（戸25条）。

〔注〕　航海日誌を備えている船舶内で死亡し，その船舶の最初の着港地が外国である場合は，その国に駐在する日本の大使・公使又は領事に，死亡に関する航海日誌の謄本を送付することになります（戸93条・55条3項）。また，航空機に乗っている場合の死亡で，最初の着陸地が外国である場合は，届出義務者はその国に駐在する日本の大使・公使又は領事に，死亡の届出をすることができるものと考えます。

〔**参考文献**〕「改訂設題解説戸籍実務の処理Ⅶ」49頁以下

第7 公設所における死亡

Q166

刑事施設の中で死亡した者について，その者に引取人がある場合の死亡の届出は，だれがすることになりますか。

事件本人（死亡した者）について引取人がある場合は，届出義務者等から死亡の届出がされることになりますが（戸87条），それらの者がない場合又は届出をすることができないときは，刑事施設の長が通常の死亡の届出をしなければならないとされています（戸93条・56条，大正4.7.20民115号回答）。

〔注〕 引取人がいない場合は，刑事施設の長は死亡診断書又は死体検案書を添付して死亡報告をすることになります（戸90条2項）。なお，死刑の執行があったときは，刑事施設の長は施設所在の市区町村長に死亡報告をすることとされていますので（同条1項），死亡の届出がされることはありません。

〔参考文献〕 「改訂設題解説戸籍実務の処理Ⅶ」37頁以下

Q167

刑事施設の中で死亡した者について，その者に引取人がない場合は，死亡の届出等はどのようになりますか。

刑事施設の長は死亡診断書又は死体検案書を添付して死亡報告をすることになります（戸90条2項，大正4.7.20民115号回答）。

〔参考文献〕 「改訂設題解説戸籍実務の処理Ⅶ」37頁以下

第8 在外日本人の死亡

Q168

在外日本国総領事から死亡通知書が送付された場合，その通知書を死亡報告として取り扱うことになりますか。

当該通知書を死亡報告として取り扱うことはできないとされています（昭和50. 8. 20民二4565号回答）。

ただし，外国の領域で水難等の事変があった場合は，一般的には，その取調べは外国の官公署が行うことになるものと考えられますから，当該官公署には戸籍法第89条の死亡報告の義務はないのはいうまでもないので，死亡報告がされることはありません。しかし，その事変についてその地に駐在する日本国領事が取調べに直接関与し，それを確認している場合は，死亡報告をすべきものとされています（大正4. 2. 19民224号回答）。

設問において，在外日本国領事が取調べに関与していない場合であれば，その報告すべき官公署にも当たらないことになります。したがって，外国に在住する日本人が死亡した場合については，戸籍法の定めるところにより，届出義務者がその死亡の事実を知った日から3か月以内に，死亡を証する書面を添付して死亡の届出を死亡した者の本籍地の市区町村長にするか，又はその国に駐在する日本の大使，公使又は領事にすることになります（戸40条）。

なお，届出義務者は，死亡した者の本籍地の市区町村長に直接届出することもでき，その場合は，郵送による届出もできます（戸47条）。

〔注〕 外国の地域で水難事故により死亡した日本人について，外国の沿岸警備隊

の調査により死亡と推定され，その申立てに基づき外国の裁判所が死亡推定の裁決をした場合において，在外日本国総領事から裁判所の裁決書を添付して通知がされたときは，当該領事は取調べに関与していないので，死亡報告すべき官公署にも当たらないため，その通知を死亡報告として取り扱うことはできないことになります。

　この場合は，死亡の届出人から死亡を証する書面として，沿岸警備隊の調査書の写し，その申立てによる裁判書の写しを添付して届出をすることはできますが，それらの資料によって死亡の事実を確認できない場合は，死亡の届出を受理することなく，失踪宣告の手続によるべきとされています（前掲民二4565号回答）。

Q169

在外日本人についての死亡の届出が，届出義務者でない者からされ，それが在外公館を経由して本籍地の市区町村長に送付された場合，どのように取り扱いますか。

　設問の場合は，日本国内にいる届出義務者に対し，更に適法な届出をするように取り扱うものとしています。また，その届出義務者がいないときは，送付された届出書類を資料として，管轄法務局の長の許可を得て市区町村長が職権によって戸籍の記載をすることができるとされています（大正14．6．5民事5011号通牒，昭和28．11．26民事甲2234号回答）。

Q170

在外日本人の死亡の届出に添付の死亡証明書の死亡時刻は，現地の日時が記載されていますが，届書及び戸籍にはそのままの日時を記載することになりますか。

　　日本標準時外の地で死亡した者の死亡の日時を，届書及び戸籍に記載する場合は，死亡地の標準時によって記載することとされています（昭和30．6．3民事甲1117号回答）。

　〔注〕　従来，死亡の届出人から日本の標準時によって戸籍に記載することの希望があり，届書にも死亡地の日時の記載をした後に日本標準時による記載をしているときは，戸籍にも死亡地の日時の記載後に括弧書きで日本標準時による記載（例えば「昭和35年３月17日午後３時10分頃（日本標準時昭和35年３月18日午前６時10分頃）○○国○○州○○市で死亡昭和35年３月25日親族甲野義太郎届出」）をしても差し支えないとされていました（昭和35．4．12民事甲883号通達）。しかし，この併記の利用は少なくその必要性あるいは併記しないことの支障はないことから，この取扱いは改められ，日本標準時の併記はしないこととされています（平成６．11．16民二7005号通達）。

　　なお，標準時とは，各国，各地方で常用する平均太陽時をいいます。一般にイギリスのグリニッチ時を基準とし，これと１時間（稀に30分）の整数倍だけ違う平均太陽時をもって，その地方の標準時とします（岩波書店「広辞苑（第六版）」）。

　〔参考先例〕　昭和40.12.23民事甲3494号回答

　〔参考文献〕　「改訂設題解説戸籍実務の処理Ⅶ」108頁以下

第9 在日外国人の死亡

Q171

日本に在住する外国人の死亡の届出を，当該国の在日領事館等にした場合，市区町村長への届出は要しないことになりますか。

市区町村長への届出を要します。戸籍法は，日本に在る外国人にも適用されますから（属地的効力），設問のように外国人が日本国内において死亡した場合は，当該国の在日領事館等に届出したとしても，戸籍法に基づく届出義務は無くなるものではありません（戸25条2項）。

したがって，届出人は，戸籍法の定めるところに従い市区町村長に死亡の届出をしなければなりません（明治32．8．5民刑1442号回答，明治32．10．25民刑1838号回答，昭和6．8．8民事819号回答，昭和24．3．23民事甲3961号回答，昭和24．11．10民事甲2616号通達，昭和27．9．18民事甲274号回答）。

Q172

在日のアメリカ国籍の者の死亡の届出がされた場合，「戸籍の記載を要しない事項・日本国籍を有しない者に関する届書報告書その他の書類つづり」につづるだけでよいですか。

アメリカ人の死亡の届出があったときは，当該届出を受理した市区町村長は在日アメリカ合衆国領事館に通報することとされています（昭和39．7．27民事甲2683号通達）。

なお，死亡の届出書類は，設問のとおり当該届書類つづりにつづって，届出の翌年から起算して10年間保存することになります（戸規50条・78条の3）。

〔注〕　外国人が日本において死亡した場合は，戸籍法が適用されますから，届出義務者は死亡の届出をしなければなりません。なお，Q171を参照願います。

〔参考先例〕　昭和42．8．21民事甲2414号通達，昭和58．10．24民二6115号通達，令和6．2．26民一507号通達

〔参考文献〕　「改訂設題解説戸籍実務の処理Ⅶ」59頁以下・61頁以下
　　　　　　「改訂設題解説渉外戸籍実務の処理Ⅶ」97頁以下

Q173

在日のロシア国籍の者の死亡の届出がされた場合，「戸籍の記載を要しない事項・日本国籍を有しない者に関する届書報告書その他の書類つづり」につづるだけでよいですか。

ロシア人の死亡の届出があったときは，当該届出を受理した市区町村長は外務大臣に通知することとされています（昭和42．8．21民事甲2414号通達）。

これは，昭和42年7月24日に批准し同年8月23日発効の「日本国とソヴィエト社会主義共和国連邦との間の領事条約」に伴い，在日ソヴィエト人の死亡届を受理した市区町村長は，外務大臣に通知しなければならないとされているためです（前掲民事甲2414号通達）。

なお，旧ソヴィエト社会主義共和国連邦は，平成3年12月26日に解体したことにより，ロシア連邦が旧ソヴィエト社会主義共和国連邦と継続性を有する同一国家であることが確認されたため，我が国は同月28日旧ソヴィエト社会主義共和国連邦を構成していたその他の共和国のうち，ウクライナ，ベラルーシ，モルドヴァ，アルメニア，アゼルバイジャン，カザフスタン，ウズベキスタン，トルクメニスタン，キ

ルギス，タジキスタンの10か国のほか，翌年4月3日にグルジア（現ジョージア）を国家として承認しています。そして，ソヴィエト連邦が締結していた二国間条約については，ロシア連邦のみが締約国として存続し，上記11か国には効力が及ばないものと解されています。そこで，死亡届書に死亡者の国籍が「ロシア連邦」と記載されている場合は，従来どおりの手続になりますが，上記の11か国の者については，「領事関係に関するウィーン条約」に基づく通知を行うことになります。

なお，死亡の届出書類は，設問のとおり当該届書類つづりにつづって，届出の翌年から起算して10年間保存することになります（戸規50条・78条の3）。

〔注〕 外国人が日本において死亡した場合は，戸籍法の適用がありますから，届出義務者は死亡の届出をしなければなりません（Q171参照）。

〔参考先例〕 昭和39.7.27民事甲2683号通達，昭和58.10.24民二6115号通達，平成16.11.15民一3227号依命通知，令和6.2.26民一507号通達

〔参考文献〕 「改訂設題解説戸籍実務の処理Ⅶ」61頁以下
「改訂設題解説渉外戸籍実務の処理Ⅶ」108頁以下

Q174

在日の外国人（アメリカ及びロシア連邦の者を除く。）の死亡届がされた場合，「戸籍の記載を要しない事項・日本国籍を有しない者に関する届書報告書その他の書類つづり」につづるだけでよいですか。

「領事関係に関するウィーン条約」（昭和58.10.3に我が国が加入書に寄託し，同年11.2に効力が生じた。）によれば，日本国内で同条約締約国の国民が死亡した場合に，その死亡の届出がされた場合，我が国の権限ある当局はその旨を当該国の領事機関に通報することになります。その

通報については，関係法令が整備されるまでの間は外務省において行うこととされています（昭和58.10.24民二6115号通達）。

　その通報に必要があるため，当該死亡の届出を受理した市区町村長は，当該届書の写しを翌月20日までに管轄法務局の長に送付し，管轄法務局の長は，これを国別に整理し速やかに外務省領事局長（所管・領事局外国人課）あて送付することとされています（前掲民二6115号通達，同日民二6117号依命通知，平成16.11.15民一3227号依命通知，令和6．2.26民一507号通達）。

　また，この通知の対象となる外国人は，本条約の締約国の国民ということになりますが，将来締約国の増加が予想されることから，この通知は本条約の締約国の国民であるか否かにかかわりなく通知の対象とされています。

　なお，死亡の届出書類は，設問のとおり当該届書類つづりにつづって，届出の翌年から起算して10年間保存することになります（戸規50条・78条の3）。

〔注〕　外国人が日本において死亡した場合は，戸籍法の適用がありますから，届出義務者は死亡の届出をしなければなりません（Q171参照）。

〔**参考先例**〕　昭和39．7.27民事甲2683号通達，昭和42．8.21民事甲2414号通達

〔**参考文献**〕　「改訂設題解説戸籍実務の処理Ⅶ」61頁以下
　　　　　　　　「改訂設題解説渉外戸籍実務の処理Ⅶ」104頁以下

第10 高齢者の戸籍消除

Q175

120歳以上の高齢者でその生死及び所在が不明の場合，市区町村長が管轄法務局の長の許可を得て，職権で戸籍から消除することができますか。

その場合の手続はどのようになりますか。

設問の場合は，管轄法務局の長の許可を得て消除することができるとされています（平成22．9．6民一2191号通知）。

なお，100歳以上の高齢者で，その所在が不明で，その生死及び所在について調査資料を得ることができない場合において，市区町村長が管轄法務局の長の許可を得て職権で消除する取扱いは，昭和32年1月31日民事甲第163号回答により既に行われています。したがって，設問の場合もこの取扱いによることになりますが，120歳以上の高齢者については，前掲民一第2191号通知によって，その手続が前記の昭和32年民事甲第163号回答の取扱いが簡略化されています。

管轄法務局の長の許可を得る場合の手続は，「戸籍記載許可申請書」（標準準則22条・付録19号書式）によることになります。この申請書には，職権により消除する「戸籍記載の事由」を記載することとされています。前記の昭和32年民事甲第163号回答は「その者が所在不明で，且つ，その生死及び所在につき調査の資料を得ることができない事由」を記載することになっています。この所在の調査は，実務上は親族等の関係者の有無を戸籍及び戸籍の附票によって行い，その関係者がなく，又は，行方不明であることを確認した場合において許可申請をすることとしています。

この「戸籍記載の事由」について，120歳以上の高齢者の場合においては，「120歳以上の高齢者であり，かつ，戸籍の附票に住所の記載がない」旨を記載すれば足りるとしています。また，申請書には，当該高齢者の現在の戸籍謄本及び戸籍の附票の写しを添付すれば足りるとしています（前掲民一2191号通知参照）。

〔注〕　死亡による届出（戸86条），失踪届（戸94条），官公署の死亡報告（戸89条・90条）によって戸籍にその旨の記載をし，事件本人を戸籍から消除することは，人の権利能力の終期を戸籍に表記し，これを公証するものということになります。
　　これに対し，高齢者消除は，一定の要件に基づき戸籍の整理を目的とする行政上の措置として認められたものとされています。したがって，高齢者消除の記載によって相続は開始しないので，その記載のある戸籍謄本は相続を証する書面とはなりません（昭和32.12.27民事三発1384号回答）。ただし，旧法の家督相続については，家督相続の開始原因とされていました。これは家督相続が「家」制度の承継という特殊性によるものとされているためと考えられます（昭和3.9.18民事9192号回答三，昭和18.2.19民事甲2号回答）。

〔参考文献〕　「戸籍における高齢者消除の実務」5頁以下・59頁・67頁

Q176

100歳以上の高齢者の所在が不明で，その生死及び所在について調査の資料を得ることができない場合，市区町村長が管轄法務局の長の許可を得て，職権で戸籍から消除することができますか。
その場合の手続はどのようになりますか。

設問の場合は，管轄法務局の長の許可を得て消除することができるとされています（昭和6.2.12民事1370号回答，昭和32.1.31民事甲163号回答）。

管轄法務局の長の許可を得る場合の手続は，「戸籍記載許可申請書」（標準準則22条・付録19号書式）によることになります。この申請書には，

職権により消除する「戸籍記載の事由」を記載することとされています。

その事由については、「その者が所在不明で、且つ、その生死及び所在につき調査の資料を得ることができない事由」を記載することになります。この所在の調査は、実務上は親族等の関係者の有無を戸籍及び戸籍の附票によって行い、その関係者がなく、又は、行方不明であることを確認した場合において許可申請をすることとしています。

戸籍記載許可申請書には、戸籍を消除する記載の事由として、例えば「事件本人は100歳以上であり、住所不明で生存の事実を認める資料はないので、すでに死亡したものと認められる。」と記載し、事件本人の戸籍謄本、戸籍の附票の写しを添付することになります。

〔参考先例〕 昭和32．8．1民事甲1358号通達第四の二㈠(6)

〔参考文献〕 「戸籍における高齢者消除の実務」1頁以下

Q177

90歳以上100歳未満の高齢者で、生存の見込みのない者について、本人の親族から戸籍消除の申出があった場合には、管轄法務局の長の許可を得て、市区町村長が職権で消除することができますか。
その場合の手続はどのようになりますか。

設問の場合は、戸籍の附票に住所の記載がなく生存の見込みのない者であって、かつ、親族その他の関係者から戸籍消除の申出があった場合に限って、市区町村長は職権消除の記載許可申請を管轄法務局の長にすることができることになっています（昭和9．7．9民事甲979号回答、昭和32．8．1民事甲1358号通達第四の二㈠(6)、昭和33．6．10民事甲1192号回答）。

管轄法務局の長の許可を得る場合の手続は，「戸籍記載許可申請書」（標準準則22条・付録19号書式）によることになります。この申請書には，職権により消除する「戸籍記載の事由」を記載することとされています。

　戸籍記載許可申請書には，戸籍を消除する記載の事由として，例えば「事件本人は90歳以上であり，住所不明で生存の事実を認める資料はなく，かつ，親族から戸籍消除の申出がされたので，すでに死亡したものと認められる。」と記載し，事件本人の戸籍謄本，戸籍の附票の写し及び親族からの申出書を添付することになります。

〔注〕　近年平均寿命が延びていること，高齢化が進んでいること等から，前掲の民事甲第979号回答・民事甲第1358号通達・民事甲第1192号回答がなされた当時と社会情勢に変化があります。したがって，設問の事案のような場合は，職権消除の取扱いについては，より慎重に行うべきものと考えられます。

〔参考先例〕　昭和32．1．31民事甲163号回答，平成22．9．6民一2191号通知

〔参考文献〕　「戸籍における高齢者消除の実務」1頁以下

Q178

　高齢者について市区町村長が管轄法務局の長の許可を得て職権で消除した者について，その後死亡の届出がされたときは，どのような取扱いになりますか。

　管轄法務局の長が当該死亡の届出を受理して差し支えない旨の指示をするときは，高齢者消除事項を消除する戸籍訂正の許可を併せてすることになるものと考えます。

　具体的には，当該死亡の届出を受理して差し支えないとする指示書に，前記の高齢者消除事項を消除する旨の戸籍訂正の許可事項を併記して，当該指示書を戸籍法第24条第2項の戸籍訂正許可書とみなす旨を明示することになるものと考えます。

〔注〕　設問と同事案について，昭和35年11月5日民事甲第2644号回答は，当該死亡の届出の受否の指示を求められた管轄法務局の長は，その受理照会を高齢者消除事項について訂正許可（戸24条2項）を求められたものとして取扱い，死亡年月日及び死亡場所の記載を訂正する旨の許可を与える旨の指示をして処理することとされていました。

　　　しかし，この先例による取扱いは，昭和45年法務省令第8号により戸籍の記載例が改正され，改正前の「年月日時及び場所不詳死亡昭和年月日附許可を得て月日除籍㊞」とする記載例は，改正後は「高齢者につき死亡と認定昭和年月日許可月日除籍㊞」と改められました。この記載例の改正により，前掲民事甲第2644号回答に基づく，死亡年月日及び死亡場所の記載を訂正する旨の戸籍訂正は，改正後の場合はできないことになりました。したがって，冒頭に述べた処理方法によることになると考えられます。

〔**参考文献**〕「戸籍における高齢者消除の実務」23頁以下

第11 届書の審査

1 審査一般

Q179

湖水に投身自殺したと推測されるが、遺体が発見されない者につき、遺留品の発見及び家族からの遺留品確認引取の旨を記載した警察署長発給の証明書を添付して、親族から死亡の届出がされた場合、受理することができますか。

当該届出は、届書に添付すべき死亡診断書又は死体検案書の添付がなく（戸86条2項）、死亡の事実を証すべき書面として、事件本人（死亡した者）の遺留品を家族が確認の上引き取った旨の証明書等が添付されているだけであるため、管轄法務局の長に対して受理照会し、その指示により受否を決定することになります（大正14.1.7民事12645号回答、昭和23.12.1民事甲1998号回答、昭和35.8.4民事甲1972号回答）。

設問の場合は、事件本人が投身自殺した事実を現認した者がなく、届書に添付された書類だけでは死亡の事実を確認することができないものと考えられます。このような事例において、管轄法務局の長は、当該届出は死亡の事実が確認できないとして、受理すべきでないと指示しています（昭和37.9.28民事甲2791号回答）。

〔注〕 死体が発見されない場合の死亡の届出について、戸籍実務の先例は、例えば、行方不明になったとされる投身自殺が確定的でない場合は、遺留品等の状況証拠から死亡の蓋然性が高くても、投身自殺した者の遺体が発見されない限り、死亡の事実を証明できないとして、死亡の届出は受理できないとしています（前掲民事甲2791号回答、昭和37.12.20民事甲3634号回答）。

したがって、このような場合は、失踪宣告の審判（民30条1項、家事法148条・別表第一56）を得て戸籍の処理をすることになるものと考えられます。

Q180

遺留品等から滝に投身自殺したと推測される者について，遺体が発見されないため，死亡診断書又は死体検案書の添付が得られないとして，それに代わる死亡の事実を証すべき書面として，死亡したと推測される者の家族の申述書，遺留品を家族が確認の上引き取った旨の警察署長の証明書，医師の病歴証明書等を添付した死亡の届出がされた場合，受理することができますか。

Q179と同様に管轄法務局の長に対して受理照会し，その指示により受否を決定することになります（大正14．1．7民事12645号回答，昭和23．12．1民事甲1998号回答，昭和35．8．4民事甲1972号回答）。しかし，事件本人が投身自殺した事実を現認した者がなく，届書に添付された書類だけでは死亡の事実を確認することができないものと考えられます。このような事例において，管轄法務局の長は，当該届出は死亡の事実を確認できないため，受理すべきでないと指示しています（昭和37．9．28民事甲2791号回答）。

設問の場合は，失踪宣告の審判（民30条，家事法148条）を得て戸籍の処理することになるものと考えられます（前掲民事甲2791号回答）。

Q181

　船上から投身心中した男女のうち男の死体が未発見であるが，目撃者の現認書，航海日誌の写し，遺留品目録及び遺書等を添付して，男の親族から死亡の届出がされた場合，受理することができますか。

　設問の場合は，死亡届書に死亡診断書又は死体検案書の添付がされていないので，市区町村長は管轄法務局の長に受理照会し，その指示により受否を決定することになります（大正14．1．7民事12645号回答，昭和23.12．1民事甲1998号回答，昭和35．8．4民事甲1972号回答）。

　この事例においては，船上から投身した男女を目撃した者の現認書，船長の航海日誌の写し，関係者の陳述書等が添付されており，また，受理照会をされた管轄法務局から，当該事件について調査した管轄海上保安部に対する照会の回答書があり，それらの資料により，事件本人は死亡したものと認められるとして，管轄法務局の長は，当該届出を受理して差し支えないと指示しています（昭和39.10.23民事甲3462号回答）。

　〔注〕　設問のような管轄法務局の長に対する受理照会事件ついては，事案の内容，届書に添付された書類及び管轄法務局の調査等により事件本人の死亡の事実を確認できるか否かによって，その受否が決定されることになるものと考えられます。したがって，それらについての判断は，個々の事案によって異なるものと考えられます。

Q182

山津波にあって行方不明になった者について，その災害状況を調査した関係者の供述，遺体捜査官公署の証明，葬儀を営んだ僧侶の証明等を添付した死亡の届出がされた場合，受理することができますか。

設問の場合は，Q179及びQ181と同様に死亡届書に死亡診断書（又は死体検案書）の添付がされていないため，それに代わる死亡の事実を証するとみられる書面が添付されています。このような死亡の届出については，管轄法務局の長の指示によりその受否を決定することとされています（大正14. 1. 7民事12645号回答，昭和23. 12. 1民事甲1998号回答，昭和35. 8. 4民事甲1972号回答）。

設問の事例においては，死亡届書に添付の関係者の供述，遺体捜査の警察署，消防署の官公署の証明から，豪雨による山津波発生による災害により行方不明となったものと認められること，さらに親族がその災害による死亡と認め，葬儀を営んだとする僧侶の証明書等が添付されていること，また，照会を受けた管轄法務局が行った当該災害により行方不明となった者の親族に対する事情聴取があること等により，行方不明となっている事件本人は死亡したものと認められるとして，管轄法務局の長は，当該届出を受理して差し支えないと指示しています（昭和41. 12. 20民事甲3633号回答）。

なお，Q181の〔注〕を参照願います。

〔注〕 死亡の届書には死亡診断書又は死体検案書を添付することとされています（戸86条2項）。しかし，すべての死亡届において死亡診断書又は死体検案書が得られるとは限らないので，その場合は，それらの診断書又は検案書に代えて死亡の事実を証すべき書面を添付し，診断書又は検案書が得られない事由を届書に記載することとされています（同条3項）。

このような届出がされた場合は，添付された診断書又は検案書に代わる書面が，死亡の事実を確認できるものであるか否かについて問題になります。

そのため，当該届出の受否については，管轄法務局の長の指示を得ることとされています（前掲民事12645号回答，民事甲1998号回答，民事甲1972号

回答)。

　なお,死亡の事実を証すべき書面は,戸籍の実務上では,死亡したことが想像される程度の内容のものではなく,死亡の事実を確認し得るものでなければならないとされています。また,これらの書面が得られないときでも,四囲の状況により死亡の事実を確認できるときは,その添付がない場合でも管轄法務局の長の指示により受理することができる場合があります(昭和8.3.30民事甲420号回答参照,昭和17.2.25民事甲86号回答)。

〔参考文献〕「改訂設題解説戸籍実務の処理Ⅶ」3頁以下

Q183

死亡の届出に死亡診断書又は死体検案書以外の書面が添付されている場合,そのまま受理することができる場合がありますか。

　死亡診断書又は死体検案書以外の書面が添付された死亡の届出については,管轄法務局の長に受理照会し(標準準則23条),その指示を得て受否を決定することとされています(大正14.1.7民事12645号回答,昭和23.12.1民事甲1998号回答,昭和35.8.4民事甲1972号回答)。

　死亡の届出については,届書に死亡診断書又は死体検案書を添付することとされています(戸86条2項)。しかし,すべての死亡の届出において,これを添付できるとは限らないので,その場合は,死亡の事実を証すべき書面をもってこれに代えることができるとされ,その事由を届書に記載することとされています(同条3項)。

　死亡の届出により,事件本人(死亡した者)の戸籍に死亡の記載がされますが,届書に死亡診断書又は死体検案書の添付をしなければならないのは,事件本人の死亡によりその者の権利義務は消滅するとともに,相続の開始や婚姻解消などの身分上や財産上の関係において重大な影響が生じます。そのため,死亡の届出の受否については慎重さが求められることになります。したがって,死亡診断書又は死体検案書

の添付に代わる証明書添付の届出については，死亡の事実を確認できる証明書であるか否かの判断を要することから，受理照会を要するものとされています。

なお，Q182の〔注〕を参照願います。

〔**参考文献**〕「改訂設題解説戸籍実務の処理Ⅶ」3頁以下・93頁以下

海難事故による行方不明者について，死体が発見されず，取調べをした官公署がない場合，その者の死亡の届出はどのようになりますか。

A 設問の場合は，取調べをした官公署がないため死亡報告もされず（戸89条），また，死亡した者を目撃した者もいないことから，死亡の事実を確認できる証明書も得られない事案と考えられます（戸86条3項）。

このような事案で，死亡が推定されるとして，関係者の申述書等を死亡診断書（又は死体検案書）に代わる死亡の事実を証すべき書面として死亡届書に添付されている場合，その届出がされた市区町村長は管轄法務局の長に受理照会をしたとしても，死亡の事実を確認することができないものと考えられます。したがって，当該届出は受理できないと指示されることになるものと考えられます。

その場合は，死亡の届出は受理されないことになりますから，事件本人を戸籍から消除するには，失踪宣告の審判（民30条1項，家事法148条・別表第一56）を得て失踪の届出によることになるものと考えられます（昭和43.10.22民事甲3169回答）。

〔注〕戸籍実務の先例においては，太平洋戦争終結後（昭和20年10月）に日本人

が外国から引揚げる途中に乗った船舶が暴風雨で遭難し，船舶及び乗船者全員が発見されない事例で，当時の状況から取調べをした官公署もないという特殊事情のある事例があります（前掲民事甲3169回答）。

〔参考先例〕　昭和37．9．28民事甲2791号回答，昭和37．12．20民事甲3634号回答

Q185

死亡の届出を受付したところ，事件本人の戸籍には失踪宣告の記載がされている場合，死亡の届出は受理することができますか。

A　死亡の届出を受理し，死亡の記載をします。失踪宣告の届出に基づく戸籍の記載は，失踪宣告取消しの審判を得て，その審判の確定による失踪宣告取消届（戸94条）によって消除します（大正9．5．31民事1553号回答，昭和29．2．23民事甲291号通達）。

〔参考文献〕　「改訂設題解説戸籍実務の処理Ⅶ」170頁以下

2　死亡届が即日に受理決定ができない場合

(1)　届書の補正又は追完

Q186

死亡の届出をしたが，書類上の不備があるため，当該届出が受理されないときはどのようになりますか。

A　届書類上の不備な箇所を補正し，又は添付書類の不備を補完して再提出（届出）をすることになります。

〔注〕　死亡の届出の際における届書類上の不備の主なものとしては，①事件本人（死亡した者）を特定するための氏名，本籍，生年月日の錯誤，②届書の記載と死亡診断書（又は死体検案書）の記載の不符合，③届出人の資格の有無などが考えられます。それらについて，届出時に補正ができないときは，不備を補正し再提出をすることが考えられます。

(2)　受理照会を要する死亡届出

Q187

死亡の届出がされたとき，市区町村長が管轄法務局の長の指示を求めることになる届出には，どのようなものがありますか。

　死亡の届出をする場合は，届書に死亡診断書又は死体検案書を添付することとされ（戸86条2項），この死亡診断書又は死体検案書が得られないときは，死亡の事実を証すべき書面をもって代えることができるとされています（同条3項）。

　この死亡診断書又は死体検案書が得られないため，それに代えた死亡の事実を証すべき書面が添付された届出については，管轄法務局の長に受理照会し，その指示によって受否を決定するとされています（大正14.1.7民事12645号回答，昭和23.12.1民事甲1998号回答，昭和35.8.4民事甲1972号回答）。

　なお，Q133・Q135を参照願います。

　戸籍の先例上では，次の場合はそれに当たるとされています。

　1　犯罪により死亡した者につき刑事判決の謄抄本（大正5.10.26民921号回答）

　2　水難により死亡した者に対する船長の証明書（大正6.9.26民1827号回答）

　3　中国に出稼ぎ中に死亡した者についての友人の通信（大正8.6.4民事1518号回答）

　4　震災により死亡した者につき，火葬者，死亡実見者等の証明書

（大正12．9．28民事3370号回答）

5　在外邦人の死亡につき日本人会長の証明書（昭和19．6．22民事甲446号通牒）

6　戦乱に際して死亡した比島在住邦人につき引揚者の実況書（昭和20．12．6民事特甲631号回答）

7　官公署の死亡証明書等（昭和21．5．31民事甲358号通牒）

8　遺骨携帯者の証明書，災害状況の証明書，僧侶等の葬儀執行証明書（昭和22．12．4民事甲1717号回答）

9　死亡現認書（昭和24．3．25民事甲654号通達，昭和24．6．9民事甲1309号通達）

〔注〕　届出の処理に当たっては，民法及び戸籍法等の解釈が問題となることがあります。市区町村長は，このような法令の解釈の問題についても判断して，その届出の受理，不受理を決定しなければならないことがあり，その法令解釈上の問題について解決できない場合や，具体的な戸籍届出事件等の処理について疑義が生じたときは，管轄法務局の長に対し指示を求め，その指示に基づいて処理することとされています。

〔参考文献〕　「改訂設題解説戸籍実務の処理Ⅶ」3頁以下，「初任者のための戸籍実務の手引き（改訂新版第六訂）」14頁・15頁・174頁

Q188

死亡診断書が得られないため，市区町村長の証明した死体埋火葬許可証の写しを添付して死亡の届出がされたとき，市区町村長は管轄法務局の長の指示を求めることなく受理することができますか。

　死亡の届出においては，届書に死亡診断書又は死体検案書を添付することとされ（戸86条2項），この死亡診断書又は死体検案書が得られないときは，死亡の事実を証すべき書面をもって代えることができるとされています（同条3項）。

この死亡の事実を証すべき書面が添付された死亡の届出については，管轄法務局の長の指示を得て処理することとされています（大正14.1.7民事12645号回答，昭和23.12.1民事甲1998号回答，昭和35.8.4民事甲1972号回答）。

設問のような事例が生じる場合としては，①非本籍地の市区町村長において受理した死亡の届出情報が何らかの理由で本籍地の市区町村で確認できなかったため戸籍の記載がされていない場合，あるいは②届出は受理されたが戸籍の記載が未了の場合，さらには③届出がされていない場合が考えられます。

ただし，埋火葬許可証の写しが存在する場合は，一般的には，同証明書は死亡の届出が受理された後に発行されると考えられます（墓地，埋葬等に関する法律5条2項）から，この事例では死亡の届出がされているものと考えられます。

その後，届書及び戸籍受附帳の廃棄後に戸籍に死亡の記載がされていないことが発見された場合は，設問のように市区町村長の証明した死体埋火葬許可証の写しを添付した申出をすることが考えられます。その申出がされた場合は，次のように取り扱うこととされています。

届出人等が，死亡届による戸籍の記載が未了である旨及び届出事項に関する申出書に，火葬認許証下付簿の謄本（市区町村長の証明のもの）を添付して死亡の記載方の申出をしたときは，市区町村長は，これを受理し職権で死亡の記載ができるとされています（昭和36.1.5民事甲3329号回答）。

これは前記の謄本によって死亡の届出がされていることが明らかな場合であることから，死亡の記載を市区町村長限りの職権で行って差し支えないとされたものと考えます。

〔注〕 前掲民事甲第3329号回答の事案は，火葬認許証下付簿の謄本が，死亡の届出を受理したと考えられる非本籍地の市区町村長の証明であることから，届書が本籍地の市区町村長に送付の途中において紛失したものとして処理した事例と考えられます。

Q189

海難事故による行方不明者につき，生存者又は目撃者が作成した死亡現認書を添付して届出義務者から，死亡の届出がされた場合はどのように取り扱いますか。

死亡の届出がされた市区町村長は，管轄法務局の長に受理照会をし（標準準則23条），その指示に基づいて受否を決定します（大正14．1．7民事12645号回答，昭和23．12．1民事甲1998号回答，昭和35．8．4民事甲1972号回答）。

一般的には海難事故により死亡した者又は行方不明者がある場合は，事故の取調べをした官公署から死亡報告がされます（戸89条）。設問は，その報告がされる前に死亡の届出義務者から行方不明となった者の死亡の届出がされ，当該届書には，同一海難事故に遭遇した生存者又は目撃者があり，行方不明となった者の行方不明となった事実を現認している書面が添付されている事案と考えられます。

この場合，前記の死亡報告がされる前の届出であることを理由にその届出を否定する必要はないと考えられるので，当該届出について管轄法務局の長に指示を求め，受理相当の指示あれば当該届出を受理する取扱いになります（昭和39．3．25民事甲812号回答）。

〔参考文献〕「改訂設題解説戸籍実務の処理Ⅶ」35頁以下・93頁以下

第12 戸籍の記載

Q190

死亡の届出によって，事件本人（死亡した者）の戸籍証明書にはどのように記載されますか。

事件本人の戸籍の身分事項欄に，次のように記載されます。
（コンピュータ戸籍の記載例）

| 死　　亡 | 【死亡日】令和8年10月20日
【死亡時分】午後8時30分
【死亡地】東京都千代田区
【届出日】令和8年10月22日
【届出人】親族　甲野義太郎 |

と記載され（法定記載例138），「戸籍に記録されている者」欄に　除　籍　と表示されます（戸籍法施行規則付録第24号第73条第1項の書面の記載のひな形の「芳次郎」の記載参照）。

〔注〕　上記のとおり，死亡した者の戸籍の身分事項欄に，死亡した年月日時分，死亡地，届出年月日，届出人等が記載されます。
　　　戸籍にどのように記載するかについては，届出の種別ごとに戸籍の記載例が定められています。紙戸籍の場合は，戸籍法施行規則第33条第2項に附録第7号記載例に従ってすることとされています。また，コンピュータ戸籍の場合は，同規則第73条第6項に付録第25号記載例に従ってすることとされています。これを法定記載例といいます。
　　　なお，同規則に規定されている法定記載例だけでは，すべての届出に対応できないため，法務省民事局長通達で定められている記載例があります。これを参考記載例といいます。これも紙戸籍の場合の記載例（平成2.3.1民二600号通達・その後数次の改正あり）とコンピュータ戸籍の場合の記載例（令和6.2.26民一510号通達）があります。
　　　死亡についての記載例として，法定記載例は記載例番号138から141まで，参考記載例は164から171までが示されています。

Q191

　　死亡の届出の事件本人（死亡した者）に配偶者がある場合，その配偶者の戸籍に夫（又は妻）が死亡した旨の記載がされますか。

　　死亡した者の配偶者（「生存配偶者」という。）の戸籍の身分事項欄に，次のように記載します。これを「配偶者の死亡による婚姻解消に関する記載」といいます（法定記載例141）。
（コンピュータ戸籍の記載例）
　　　　配偶者の死亡　　│【配偶者の死亡日】令和8年11月2日

と記載され，「戸籍に記録されている者」欄の【配偶者区分】夫（又は妻）の記載は消除されます（戸籍法施行規則付録第26号様式第二の「梅子」の記載参照）。

Q192

　　養親の死亡の届出に基づき，養子の戸籍の養親の氏名及び養親との続柄の記載を消除することになりますか。

　　養親子関係は離縁によってのみ終了し（民729条），養親の死亡によっては消滅しないので，養親の死亡の届出によって，養子の戸籍の養親の氏名欄及び養親との続柄欄の記載が削除されることはありません（大正8.3.6民523号回答）。

　〔注〕　従来，父又は母並びに養父又は養母の死亡の届出に際し，届出人である同一戸籍に在る子（養子）から，父母欄又は養父母欄の父母（養父母）の氏名に「亡」の文字を冠記されたい旨の申出がされたときは，これを記載する取扱いをしていました。しかし，この「亡」の文字冠記の取扱いは，事務処理を煩雑にするだけでなく，申出の有無によって冠記するか否かの取扱いをし

ていたこと，また，その冠記の公証性も失われていること等から，この取扱いは廃止されました（平成3.11.28民二5877号通達）。

〔**参考先例**〕　昭和40.4.26民事甲858号通達，昭和54.8.21民二4391号通達

〔**参考文献**〕　「改訂設題解説戸籍実務の処理Ⅶ」106頁以下

Q193

数年来行方不明となっていた者が，殺害されたものとして刑事判決が確定したが，死体が海中に投棄されたため発見されない場合，死亡した者の本籍地の市区町村長は，その判決謄本に基づき職権で戸籍の記載をすることができますか。

届出人がなく又は届出がされない場合は，本籍地の市区町村長は，刑事判決の判決書謄本に基づいて戸籍法第44条第3項，同法24条第2項及び第4項の規定に基づき，管轄法務局の長の許可を得て死亡の記載をすることができるとされています（昭和30.12.5民事二593号回答）。

〔**参考先例**〕　大正5.10.26民921号回答

Q194

海難事故による行方不明者につき，海上保安本部の死亡報告に基づき戸籍の記載をした後，同一人について失踪宣告の届出があったが，死亡とみなされる日が死亡報告と異なる場合は，どのように取り扱うことになりますか。

失踪宣告の届出による戸籍の記載をし，死亡報告による死亡の記載を市区町村長の職権で消除します（昭和39.7.9民事甲2480号回答）。なお，

失踪宣告の裁判により死亡とみなされる日が法律上の死亡の日となります（民31条）。

〔**参考文献**〕「改訂設題解説戸籍実務の処理Ⅶ」33頁以下・119頁以下

Q195

　公設の病院又は療養所において死亡した者について，公設所の長又は管理人から死亡の届出がされたときは，死亡事項はどのように記載されますか。

　下記のとおり記載されます（参考記載例164）。

　公設所で死亡した者について，届出人がいない場合又は届出ができない場合は，公設所の長又は管理人が届出をすることになります（戸93条・56条）。

　届書の記載は，届出人として公設所名とその所在及び公設所の長又は管理人の職名を記載します。しかし，戸籍の表示，出生年月日の記載は要しないとされています（大正4．8．6民1293号回答）。

　また，届書に基づいて戸籍の記載をするときは，届出人の資格は記載しないこととされています（昭和27．1．31民事甲44号回答）。

　なお，届書の記載については，Q123及び事例9を参照願います。

　事件本人（死亡した者）の戸籍の身分事項欄には，次のように記載します。

（コンピュータ戸籍の記載例）

死　　亡	【死亡日】令和8年8月10日 【死亡時分】午前6時30分 【死亡地】東京都新宿区 【届出日】令和8年8月12日 【届出人】丙川太郎 【通知を受けた日】令和8年8月14日 【受理者】東京都新宿区長

と記載され,「戸籍に記録されている者」欄に 除　籍 と表示されます。

〔**参考先例**〕　大正4．7．20民115号回答，大正14．12．12民事10648号通牒，昭和17．8．12民事甲584号回答，昭和50．9．25民二5667号回答

〔**参考文献**〕　「改訂設題解説戸籍実務の処理Ⅶ」51頁以下

Q196

私設の病院又は療養所において死亡した者について，私設の病院の長又は療養所の長から家屋管理者として死亡の届出がされたときは，死亡事項はどのように記載されますか。

　私設の病院又は療養所において死亡した者の死亡の届出義務者は，戸籍法第87条第1項の規定により，第一に同居の親族，第二にその他の同居者，第三に家主，地主又は家屋若しくは土地の管理人とされています。しかし，この順序にかかわらず届出ができるとされていますから，私設の病院の長又は療養所の長が家屋管理人として，前記の第三の家主等の資格で死亡の届出をすることができます。

　その場合は，通常の届出と同じに届出をすることになります。したがって，戸籍の記載も同じように記載されます。

　なお，医療法人又は個人が経営する病院の管理者が家屋管理人として死亡の届出をする場合，届出人の住所欄に病院の所在地が記載され，届出人欄の署名欄に病院の名称並びに管理者の資格及び氏名が記載され，「その他」欄に「届出人の住所の記載は，病院の所在地である。」旨記載されているときは，届出人欄に，戸籍の表示，出生年月日の記載がされていなくても，届出を受理して差し支えないとされています（平成22．6．24民一1551号通知）。

　事件本人（死亡した者）の身分事項欄に，次のように記載します。
（コンピュータ戸籍の記載例）

死　　亡　　　【死亡日】令和8年10月20日
　　　　　　　　【死亡時分】午後8時30分
　　　　　　　　【死亡地】東京都千代田区
　　　　　　　　【届出日】令和8年10月22日
　　　　　　　　【届出人】家屋管理人　甲野義太郎

と記載され,「戸籍に記録されている者」欄に 除　籍 と表示されます。

〔**参考文献**〕「改訂第2版注解コンピュータ記載例対照戸籍記載例集」258頁

Q197

　日本人夫と外国人妻夫婦の妻が日本で死亡した場合,日本人夫の戸籍に婚姻解消事由を記載するには,どのようにすればよいですか。

A　戸籍法は日本に在る外国人にも適用されます（属地的効力）。設問の場合は,日本人夫は,外国人の妻の死亡の届出をする義務があります（戸86条・87条,戸規36条1項）。また,日本人夫の戸籍に婚姻解消事項を記載する必要がありますので,死亡届書の「その他」欄に,夫の戸籍に婚姻解消事由を記載されたい旨の付記を要します（昭和29.3.11民事甲541号回答）。

　その届出によって夫の戸籍に,次のように記載します（法定記載例141）。

（コンピュータ戸籍の記載例）

　　　配偶者の死亡　　　【配偶者の死亡日】令和8年9月6日
　　　　　　　　　　　　【記録日】令和8年9月11日

と記載され,「戸籍に記録されている者」欄の【配偶者区分】夫　の記載は消除されます（戸籍法施行規則付録第26号様式第二の「梅子」の記載参照）。

〔**参考先例**〕　昭和23.1.13民事甲17号通達⒅

〔参考文献〕「全訂Q&A渉外戸籍と国際私法」69頁以下,「はじめての渉外戸籍」29頁・169頁

Q198

日本人夫と外国人妻夫婦の妻が外国で死亡した場合,日本人夫の戸籍に婚姻解消事由を記載するには,どのようにすればよいですか。

　設問のように外国人である妻が外国で死亡した場合は,死亡した外国人に戸籍法の適用はないので,市区町村長に死亡の届出はされません。したがって,Q197のように死亡の届出によって夫の戸籍に婚姻解消事由の記載はできないことになります。

　この場合は,日本人夫又はその親族から死亡した外国人妻の死亡の事実を証する書面を添付し,婚姻解消事由の記載に必要な事項の申出書を提出することになります(死亡届書を利用して必要事項を記載する方法で,それを申出書とすることも考えられます。)。市区町村長は,その申出書に基づいて職権で日本人夫の戸籍に婚姻解消事由を記載することになります(昭和29.3.11民事甲541回答)。

〔参考先例〕　昭和23.1.13民事甲17号通達(18)

〔参考文献〕「はじめての渉外戸籍」169頁

Q199

失踪宣告の届出により除籍された者が在籍していた戸籍が，甲市から乙市に転籍後に，失踪者の死亡の届出がされた場合，死亡の記載はいずれの戸籍にしますか。

　設問の従前の取扱いは，乙市長は甲市長から転籍前の戸籍謄本の送付を受け，転籍後の戸籍に失踪者の記載を移記した上で，死亡の届出に基づく戸籍の記載をするものとされていました（昭和30.10.15民事甲2156号回答）。

　令和元年の戸籍法の一部を改正する法律（令和元年法律17号・令和6.3.1施行）により，市区町村長は戸籍又は除かれた戸籍の副本に記録されている情報を法務大臣の使用に係る「戸籍情報連携システム」に提供することとされ，当該情報を利用して作成された戸籍関係情報について，市区町村長は，戸籍事務の処理に必要な範囲内において参照することができるとされています（戸規75条の3第1項）。

　したがって，設問の乙市長は，当該連携システムにより甲市における戸籍情報を参照し，転籍後の戸籍に失踪者の記載を移記した上で，死亡の届出に基づく戸籍の記載をすることになるものと思われます。

〔参考先例〕　令和6.2.26民一500号通達，同日付民一501号依命通知

Q200

死亡の届書に死亡の日時が，昭和34年9月26日午後8時から9月27日午前8時までの間と記載されている場合，生存配偶者の戸籍の身分事項欄の婚姻解消事由の日はどのように記載をしますか。

死亡日時が推定とされている場合は，生存配偶者の戸籍の身分事項欄の婚姻解消事由の日は，推定日の後の日を記載します。設問の場合の「配偶者の死亡日」は，「昭和34年9月27日」と記載することになります（昭和35.1.12民事甲110号回答）。

第13 死亡による戸籍の変動

1 生存配偶者の復氏届

Q201

夫の氏を称して婚姻した妻は，夫の死亡により当然に婚姻前の氏に復しますか。

当然に復氏することはありません。婚姻の際に夫の氏を称した妻は，夫が死亡しても，そのまま現在称している氏のままです。もし，婚姻前の氏に復することを望む場合は，妻は，生存配偶者の復氏届をする必要があります（民751条1項，戸95条）。

復氏の届出によって復する氏は婚姻前の氏になりますから（民751条1項），婚姻前の氏が実方の氏であれば，実方の氏に復します。

なお，転婚者の復氏については，Q202を参照願います。

復氏をする者の入籍する戸籍は，婚姻前の戸籍になりますが，その戸籍が全員除籍で除かれているときは，その戸籍に復籍することができないので，復氏する者について新戸籍を編製することになります（戸19条1項・2項）。

なお，復籍する戸籍が全員除籍で除かれていないときでも，復氏する者の申出（意思）により，その者の氏で新戸籍を編製することもできます（同条同項）。

その場合は，復氏届書の記載は，届書の「復氏した後の本籍」欄の「□もとの戸籍にもどる」「□新しい戸籍をつくる」のいずれかにチェックし，もどる戸籍又は新戸籍の本籍と筆頭者の氏名を記載することになります。

〔参考文献〕「初任者のための戸籍実務の手引き（改訂新版第六訂）」189頁以下

Q202

夫の氏を称して婚姻した妻が，夫の死亡により婚姻前の氏に復することなく，他男と夫の氏を称して婚姻したが，その夫も死亡した場合，生存配偶者である妻が復氏をするときは，前婚の氏になりますか。その場合，実方の氏に復することはできませんか。

　生存配偶者が，復氏を望む場合は，Q201と同様に生存配偶者が復氏の届出をする必要があります（民751条1項，戸95条）。

　復氏の届出によって復する氏は婚姻前の氏とされていますから，設問の場合は前婚の氏になります。しかし，復氏する者が転婚者である場合は（設問の場合の妻は転婚者である。），生存配偶者の意思により，前婚の氏又は実方の氏のいずれの氏に復することもできるとされています（昭和23.1.13民事甲17号通達(2)）。したがって，復氏の届出の際は，いずれの氏に復するかを届書に明記する必要があります。

　復氏をする者の入籍する戸籍は，設問の場合は婚姻前の戸籍（又は実方戸籍）になりますが，その戸籍が全員除籍で除かれているときは，その戸籍に復籍することができないので，復氏する者について新戸籍を編製することになります（戸19条1項・2項）。

　なお，復籍する戸籍が全員除籍で除かれていないときでも，復氏する者の申出（意思）により，その者の氏で新戸籍を編製することもできます（同条同項）。

　その場合は，復氏届書の記載は，届書の「復氏した後の本籍」欄の「□もとの戸籍にもどる」「□新しい戸籍をつくる」のいずれかにチェックし，もどる戸籍又は新戸籍の本籍と筆頭者の氏名を記載することになります。

〔注〕 転婚者とは，婚姻により氏を改めた者が，その配偶者の死亡により婚姻前の氏に復することなく，死亡した配偶者の氏のまま他の者との婚姻（再婚）により氏を改めた者をいいます。

　設問は，この転婚者について，転婚後の夫も死亡した場合における生存配偶者の復氏届（戸95条，民751条1項）がされた場合，その復する氏や入籍すべき戸籍について触れたものです。この設問は夫の死亡の場合ですが，他に，転婚者の離婚又は婚姻の取消しによって復氏する場合についても問題になります。その場合は，婚姻前の氏に復するのが原則ですが（民767条1項・749条），前掲民事甲17号通達(2)によって，実方の氏への復氏も認められていますので，夫死亡の場合の復氏と同様の取扱いになります。

〔参考文献〕「初任者のための戸籍実務の手引き（改訂新版第六訂）」189頁以下

2　生存配偶者の姻族関係終了届と戸籍の変動

Q203

　夫の氏を称して婚姻した妻は，夫の死亡により夫の親族との親族関係をなくしたい場合は，どのようにすればよいですか。

　生存配偶者が，姻族関係終了の届出をする必要があります（民728条2項，戸96条）。

　夫の死亡により生存配偶者である妻は，夫の親族との親族関係は当然にはなくならないので，妻が夫の親族との関係を終了することを望む場合は，姻族関係終了の届出をすることになります（民728条2項，戸96条）。

　戸籍の届出は，「姻族関係終了届」の届書様式に所要事項を記載し，生存配偶者が届出をすることになります。

　また，姻族関係終了の届出をしても，生存配偶者は当然に復氏することはありません。復氏を望む場合は，復氏の届出をする必要があります（民751条1項，戸95条）。

　なお，Q201を参照願います。

〔注〕 配偶者の一方と他方の血族との関係を姻族関係といいますが、三親等内の姻族は親族とされています（民725条）。

Q204

夫の死亡により夫の親族との姻族関係終了届をした場合、妻は婚姻前の氏に復しますか。

生存配偶者である妻から姻族関係終了の届出をするだけでは、妻は婚姻前の氏に復しません。復氏を望む場合は、妻が復氏の届出をする必要があります（民751条1項、戸95条）。

なお、Q201及びQ202を参照願います。

〔注〕 夫の死亡により、生存配偶者の妻が夫の親族との姻族関係の終了を望み、かつ、婚姻前の氏に復することを望む場合は、姻族関係終了届と復氏届の二つの届出をする必要があります。

この届出を同時にする必要はなく各別に届出をすることができますが、同時にする場合には、復氏届、姻族関係終了届の順序でしたときは、復氏後の戸籍に姻族関係終了届に基づく記載がされます。これに対し、姻族関係終了届、復氏届の順序でしたときは、復氏前の戸籍に姻族関係終了届に基づく記載がされ、復氏後の戸籍には姻族関係終了届に基づく記載がされません。したがって、一般的には、先に姻族関係終了届をするものと考えられます。なお、各別にする場合も同様になりますので、届出については留意を要します。

第14 戸籍届書の処理

1 死亡届書情報の他市区町村長への提供

Q205

死亡の届出を届出人の所在地（住所地）の市区町村長にした場合，その届出情報は，本籍地の市区町村長にどのように提供されるのですか。

届出人の所在地（住所地）で受理した死亡届については，実際に戸籍を処理する本籍地の市区町村に対して，その情報を提供しなければなりませんが，戸籍法の一部を改正する法律（令和元年法律17号・令和6.3.1施行）及び同法の施行に伴う戸籍法施行規則の一部を改正する省令（令和6.2.26法務省令5号）により，市区町村で受理した届書は，当該届書等の情報を画像情報化して，法務大臣の使用に係る戸籍情報連携システムに提供するものとされました（戸120条の4第1項，戸規78条の2第3項）。そして，戸籍の記載をすべき本籍地の市区町村に対しては，法務大臣が当該情報の提供を受けた旨を通知するものとされています（戸120条の5第1項・3項）。

本籍地の市区町村においては，法務大臣からの通知に基づき，戸籍情報連携システムに送信された届書情報（画像情報）を参照することにより（戸規78条の4第1項），戸籍の記載処理等を行うことができることになります。

2 死亡届書の整理

Q206

　市区町村長に届出された届出書類の保存期間は，どうなりますか。また，当該書類はどのようにして保存しておけばよいのでしょうか。

　市区町村長が受理し，法務大臣の使用に係る戸籍情報連携システムに提供した届書等情報（画像データ）の基となった届書等の保存については，届書等の保存に係る規定（戸規48条2項・49条・49条の2）は適用しないこととされ（戸規78条の4第2項），届書等情報の基となった届書等の保存期間に係る規定（戸規48条3項・53条の4第7項）が，令和6年省令第5号による戸籍法施行規則の一部改正により改正又は追加されています。

　保存期間については，従前の取扱いとして，届書等のうち本籍人に関するものの保存期間は当該年度の翌年から27年（戸規49条2項・49条の2第1項により，戸籍又は除かれた戸籍の副本の送付を受けたときは，当該年度の翌年から5年）とされ，非本籍人に関するものの保存期間は当該年度の翌年から1年とされていましたが，前記省令改正により，本籍人に関するものと非本籍人に関するものを区別することなく，保存期間は当該年度の翌年から5年とされました（戸規48条3項）。

　また，届出書類の保存方法については，戸籍法施行規則第52条の規定に基づき，施錠のある耐火性の書箱又は倉庫に蔵めてその保存を厳重にしなければならないとされていますが，改正省令によって，同条の規定にかかわらず，同規則第78条の2第2項の規定により作成された届書等情報の基となった届書，申請書その他の書類は，適切と認められる方法により保存すれば足りることとされています（戸規78条の3第4項）。なお，「適切と認められる方法」としては，当該届書等について，紛失等による滅失を防ぐための措置を実施することが求めら

ています（令和6.2.26民一500号通達第3・10(3)）。

Q207

法務大臣に提供した届書等情報の保存期間は，どのようになっていますか。

A　市区町村から提供された届書等情報（画像情報，文字情報）を受けた法務大臣は，これを磁気ディスクに記録し（戸120条の4第2項），当該届書等情報を保存しなければならないこととされています（戸規78条の3第1項）。

　また，下記〔参考先例〕の1(1)から(3)までの書面に係る届書等情報の保存期間は，法務大臣が保存した年度の翌年から10年，同1(4)の書面に係る届書等情報の保存期間は，法務大臣が保存した年度の翌年から100年（ただし，不受理申出が取下げその他の事由により効力を失った場合は，その年度の翌年から3年），同1(5)の書面に係る届書等情報の保存期間は，法務大臣が保存した年度の翌年から3年とされました（戸規78条の3第2項各号）。

　なお，胎児認知届に係る届書等情報の保存期間は，当該事件本人に関する出生届（戸49条1項及び54条1項）に係る届書等情報の保存期間と同様の保存期間とし，本籍が明らかでない者又は本籍がない者からの届出に係る届書等情報の保存期間は，当該事件本人に関する本籍分明届（戸26条）に係る届書等情報の保存期間と同様の保存期間とするものとするとされています。

　胎児認知届に係る死産届出がされた場合における当該死産届に係る届書等情報の保存期間は，法務大臣が保存した年度の翌年から10年とし，胎児認知届に係る届書等情報の保存期間も同様の保存期間とするとされています。

2 死亡届書の整理　169

〔参考先例〕　令和6年2月26日付け法務省民一第500号民事局長通達
第3　届書等情報の取扱いについて
　1　届書等情報を作成する対象となる書面
　　　市町村長は，法の規定により提出すべきものとされている届書若しくは申請書又はその他の書類で戸籍の記載をするために必要なものとして法務省令で定めるもの（以下「届書等」という。）を受理した場合には，当該届書等の画像情報（以下「届書等情報」という。）を作成し，これを電子情報処理組織を使用して，法務大臣に提供することとされ，以下の書面が届書等情報を作成する対象となる書面とされた（法第120条の4第1項，規則第78条の2第1項）。
　(1)　戸籍の記載をするために提出された届出，報告，申請，請求若しくは嘱託，証書若しくは航海日誌の謄本又は裁判に係る書面（法又は規則により添付し，又は提出すべきこととされている書面を含む。）
　　　上記書面は，戸籍の記載をするために提出された書面（法第15条参照）及び添付書面をいい，戸籍の記載を要しない外国人のみの事件に係る書面は含まれない。
　　　なお，胎児認知届（法第61条）や本籍が明らかでない者又は本籍がない者に係る届出があった場合における当該届書等については，将来的に戸籍の記載をする可能性があることから，届書等情報を作成する対象となる。また，認知された胎児の死産届（法第65条）については，胎児認知届とともに保存することが相当であることから，届書等情報を作成する対象となる。
　(2)　法第24条第2項の規定による戸籍の訂正に係る書面（職権訂正書）
　(3)　法第44条第3項の規定による戸籍の記載に係る書面（職権記載書）
　(4)　規則第53条の4第2項の書面（不受理申出書）
　(5)　規則第53条の4第5項の取下げに係る書面（不受理申出取下書）

Q208

外国人が日本で死亡し，届出人が所在地の市区町村長に死亡の届出をした場合，その届出書類は，どのように整理して保存されるのですか。

　外国人が日本で死亡した場合，その届出は，届出人が所在地の市区町村長にすることとされています（戸25条2項）。当該届出を受理した

市区町村長は，備付の帳簿である「戸籍の記載を要しない事項・日本の国籍を有しない者に関する届書報告書その他の書類つづり・報告的届出に関するもの」につづって保存することになります。その帳簿は，表紙及び目録をつけて作成されることになっているので，当該届出については，帳簿の目録に所要事項を記載して保存します（標準準則37条・付録27号様式）。

なお，死亡した外国人の配偶者が日本人であるときは，日本人の戸籍に婚姻解消事由を記載することとされているため（戸規36条1項，法定記載例141），このような死亡の届出が非本籍地の市区町村で受理された場合，これまでの取扱いは，受理地の市区町村長から本籍地の市区町村長に対して死亡届書の謄本を送付することになっていました（戸規26条）。

現在，戸籍の届書については，当該届出を受理した市区町村長は，新たに構築された法務大臣の使用に係る戸籍情報連携システムに届書等の画像情報を提供し，本籍地の市区町村長に対しては，法務大臣から通知されることになっていますが，本件のような場合の届出にも適用されるのかどうかは判然としていません。しかし，本籍地の市区町村長に対する本件のような情報提供は，市区町村長の職権による戸籍記載の端緒となるものであることから，戸籍情報連携システムを活用した手続によるべきではないかと思われます。

〔**参考文献**〕 「改訂設題解説渉外戸籍実務の処理Ⅶ」102頁以下

第15 死亡届書類の記載事項証明

Q209

市区町村役場で受理された死亡届の届出等情報が必要になった場合は，どのようにすればよいですか。

戸籍法の一部を改正する法律（令和元年法律17号・令和6.3.1施行）により，届書類を受理した市区町村においては，その届書類を画像データ化して届書等情報を作成し，新たに構築された法務大臣の使用に係る戸籍情報連携システムに提供することとされています（戸120条の4）。そして，届書等情報の内容を表示したものの閲覧や，届書等情報の内容についての証明書の交付については，届出を受理した市区町村長及び戸籍の記載をした市区町村長に対して求めることができることとされています（戸120条の6）。

なお，届書の証明書を発行するためには，戸籍情報連携システムにアクセスしてその情報を確認する必要がありますが，届書等情報は，戸籍の記載をするために必要な情報であり，戸籍よりも機微な情報が記載されているため，その届書等情報に無関係な市区町村長が自由にアクセスできるとするのは相当でないとされました。そのため，届書等情報にアクセスできる指定市区町村長は，届書等情報を作成した受理地の指定市区町村長及び戸籍の記載をした指定市区町村長に限定することとされています（戸120条の6）。

〔注〕 戸籍法第120条の6は，証明書等の請求者がどの市区町村長に対して請求を行えば良いのかを明らかにした規定です。なお，受理地でも本籍地でもないその他の市区町村においては，同法第120条の5の通知を受けない上，事務処理に無関係な届書等情報にアクセスすることはできないことになってい

ることから，そもそも届書等情報を参照したり，出力したりすることはできないことになります。

〔**参考先例**〕　令和6.2.26民一500号通達

Q210

市区町村役場で受理された死亡届書の届書等情報を請求できる者に，制限はありますか。

戸籍の届書は，個人の秘密にかかる特別な情報が多く記載されていることから，従来は原則として非公開とされていた経緯もあり，戸籍法第48条第2項は「利害関係人は，特別な事由がある場合に限り，届書その他市町村長の受理した書類の閲覧を請求し，又はその書類に記載した事項について証明書を請求することができる。」と規定しています。すなわち，請求ができる者については限定され，また，請求するについて特別な事由があることが必要とされています。したがって，請求に当たっては，前記の請求ができる者であること，及び請求するについて特別な事由があることを明らかにしなければなりません。

また，同証明書の請求については，平成19年法律第35号により戸籍法の一部を改正する法律が施行され（平成20.5.1施行），同条第3項が改正されました。同項は，第10条第3項及び第10条の3の規定を準用していますので，同証明書を請求する場合は，現に請求の任に当たっている者は，その者を特定するために必要な氏名及び住所又は氏名及び生年月日を明らかにし，それを証明する方法として運転免許証等を市区町村長に提示する必要があります（戸10条の3第1項，平成20.4.7民一1000号通達第3）。

その場合，現に請求に当たっている者が，請求する者の代理人又は使者であるときは，請求する者の委任状等を市区町村長に提供する必要があります（戸10条の3第2項，前掲民一1000号通達第3）。

〔注〕　戸籍の届出を受理した場合等，本籍地の市区町村長は，遅滞なくその届出に基づいて戸籍の記載をすることとされていますので（戸規24条），死亡の届出の証明は戸籍の全部事項証明書等によって果たすことができます。ただし，戸籍の証明書等以外に死亡届の記載事項証明書を必要とする場合が生じることも考えられます。その場合は，前述のような手続をして請求することになります。

〔参考文献〕　「全訂戸籍法」256頁以下，「改訂設題解説戸籍実務の処理Ⅰ」328頁以下，「新版Q&A戸籍公開の実務」169頁以下

〔参考先例〕　平成20．4．7民一1000号通達

Q211

外国人が日本で死亡し，その死亡の届出を事件本人（死亡した者）の親族（外国人）がして，当該届出書類は届出人の所在地の市区町村長が受理して保存している場合，届出人等から当該届出書類を本国の官憲等に提出する必要があるとして，死亡届の記載事項証明書の請求がされたときは，交付ができますか。

　　適法な請求であれば，交付請求に応じることができます（戸48条2項・3項）。

　外国人が市区町村長に届出した届書類は，日本における外国人の身分関係を証明する資料であり，外国人にとっては，我が国における戸籍簿に相当するものといえます（戸規50条1項）。したがって，正当な請求者が適法に請求した場合は，請求に応じることになります。

　なお，請求に応じる場合については，留意すべき事項がありますので，Q210を参照願います。

〔注〕　日本で死亡した外国人について，外国人の親族等の届出人から死亡の届出がされた場合は，戸籍に記載するということはないので，当該届出を受理した所在地の市区町村長は，備付の帳簿である「戸籍の記載を要しない事項・

「日本の国籍を有しない者に関する届書報告書その他の書類つづり・報告的届出に関するもの」につづって保存することになります。その帳簿は，表紙及び目録をつけて作成されることになっているので，当該届出については，帳簿の目録に所要事項を記載して保存します（標準準則37条・付録27号様式）。設問の証明書は，この帳簿につづられた届出書類に基づいて作成することになります。

Q212

死亡届書等の内容に係る証明書は，どのような内容になるのでしょうか。

A 利害関係人は，特別の事由がある場合に限り，届出若しくは申請を受理した市区町村長又は当該届出若しくは申請によって戸籍の記載をした市区町村長に対し，当該届出又は申請に係る届書等情報の内容を法務省令で定める方法により表示したものの閲覧又は届書等情報の内容に係る証明書を請求することができるとされています（戸120条の6第1項）。

当該証明書の内容としては，①届書等に記載されている事項をスキャナにより読み取ってできた電磁的記録（画像情報），②届書等に記載されている事項に基づき戸籍情報システムに入力された文字情報のうち届書等への補記事項とされています。したがって，その内容は，基本的にはこれまでの届書をコピーして交付していた場合と同様になります。

なお，証明書には，市区町村長が，戸籍法施行規則付録第30号書式による付記をし，職氏名を記して職印を押さなければならないこととされています（戸規78条の5第2項）。

Q213

死亡届書等の内容に係る証明書を郵送等により請求をすることは，可能でしょうか。

　届書等情報の閲覧又は届書等情報内容証明書の請求については，戸籍法第10条第3項及び第10条の3の規定を準用することとされています（戸120条の6第2項）。したがって，郵送等により届書等情報の内容証明書の送付の請求をすることが可能です（戸規11条）。

事 例

　死亡届の具体例について25事例（届書及び戸籍のひな形）を掲げています。

　なお，現在，すべての市区町村においてコンピュータ処理がされていることから，紙戸籍の戸籍のひな形（記載例）については，省略することにしました。

　また，令和5年の戸籍法の一部改正により，戸籍には「氏名の振り仮名」を記載することとされ，戸籍証明書の様式が変更される予定です（改正法の施行は，公布の日（令和5.6.9）から起算して2年を超えない範囲内において政令で定める日（令和7.5.26））。

　事例に記載の本籍，氏名等は，すべて架空のものであることを念のため申し添えておきます。

事例1　177

第1　死亡の届出

事例1	同居の親族（夫）が本籍地の市区町村で死亡し，同居の親族（妻）が本籍地（所在地）の市区町村長に死亡の届出をする場合

死　亡　届

令和 8 年 4 月16日 届出

東京都千代田区 長 殿

受理	令和 8 年 4 月16日		
第	256	号	
書類調査	戸籍記載	記載調査	調査票	附　票	住民票	通　知

(1)	（よみかた）	こう　　の　　　　　よし　　お		**記入の注意**
(2)	氏　　名	甲野　　義男　　　　☑男　□女		鉛筆や消えやすいインキで書かないでください。
(3)	生年月日	昭和 15 年 4 月 5 日（生まれてから30日以内に死亡したときは生まれた時刻も書いてください）□午前　　　時　　　分□午後		死亡したことを知った日からかぞえて 7 日以内に出してください。
(4)	死亡したとき	令和 8 年 4 月13日 □午前　☑午後　6 時 40 分		
(5)	死亡したところ	東京都千代田区平河町5丁目 6 番地 2 号 番		
(6)	住　　所（住民登録をしているところ）	東京都千代田区平河町1丁目2番3号		
		世帯主の氏名 甲野義男		
(7)	本　　籍（外国人のときは国籍だけを書いてください）	東京都千代田区平河町1丁目10 番地 番		「筆頭者の氏名」には，戸籍のはじめに記載されている人の氏名を書いてください。
		筆頭者の氏名 甲野義男		
(8)(9)	死亡した人の夫または妻	☑いる（満 85 歳）　□いない（□未婚　□死別　□離別）		内縁のものはふくまれません。
(10)	死亡したときの世帯のおもな仕事と	□1.農業だけまたは農業とその他の仕事を持っている世帯□2.自由業・商工業・サービス業等を個人で経営している世帯□3.企業・個人商店等（官公庁は除く）の常用勤労者世帯で勤め先の従業者数が1人から99人までの世帯（日々または1年未満の契約の雇用者は5）☑4.3にあてはまらない常用勤労者世帯及び会社団体の役員の世帯（日々または1年未満の契約の雇用者は5）□5.1から4にあてはまらないその他の仕事をしている者のいる世帯□6.仕事をしている者のいない世帯		□には，あてはまるものに☑のようにしるしをつけてください。
(11)	死亡した人の職業・産業	（国勢調査の年…　　年…の4月1日から翌年3月31日までに死亡したときだけ書いてください）職業　　　　　　　　　　　産業		死亡者について書いてください。
	その他			届け出られた事項は，人口動態調査（統計法に基づく基幹統計調査，厚生労働省所管），がん登録等の推進に関する法律に基づく全国がん登録（厚生労働省所管），高齢者の医療の確保に関する法律に基づく所要の感染症対策（厚生労働省所管）にも用いられます。
	届出人	☑1.同居の親族　□2.同居していない親族　□3.同居者　□4.家主　□5.地主□6.家屋管理人　□7.土地管理人　□8.公設所の長　□9.後見人□10.保佐人　□11.補助人　□12.任意後見人　□13.任意後見受任者		
		住所 東京都千代田区平河町1丁目2番3号		
		本籍 東京都千代田区平河町1丁目10 番地 番　筆頭者の氏名 甲野義男		
		署名（※押印は任意） 甲野梅子 ㊞ 昭和 16 年 3 月 10 日生		
	事件簿番号			

178　第1　死亡の届出

死亡診断書（死体検案書）

この死亡診断書（死体検案書）は、我が国の死因統計作成の資料としても用いられます。楷書で、できるだけ詳しく書いてください。

記入の注意

氏　名	甲野　義男	①男 2女	生年月日	明治 昭和 大正 平成 令和　15 年　4 月　5 日 （生まれてから30日以内に死亡したときは生まれた時刻も書いてください）午前・午後　時　分

←生年月日が不詳の場合は、推定年齢をカッコを付して書いてください。

夜の12時は「午前0時」、昼の12時は「午後0時」と書いてください。

	死亡したとき	令和　8 年　4 月　13 日　午前・午後　6 時　40 分

(12)(13)	死亡したところ及びその種別	死亡したところの種別	①病院 2診療所 3介護医療院・介護老人保健施設 4助産所 5老人ホーム 6自宅 7その他
		死亡したところ〈死亡したところの種別1～5〉	東京都千代田区平河町5丁目6　番地 2 号
		施設の名称	平河病院　（　　　　　）

「5老人ホーム」は、養護老人ホーム、特別養護老人ホーム、軽費老人ホーム及び有料老人ホームをいいます。

死亡したところの種別で「3介護医療院・介護老人保健施設」を選択した場合は、施設の名称に続けて、介護医療院、介護老人保健施設の別をカッコ内に書いてください。

(14)	死亡の原因	I	(ア) 直接死因	（省略）	発病（発症）又は受傷から死亡までの期間	（省略）
	◆I欄、II欄とも に疾患の終末期の状態としての心不全、呼吸不全等は書かないでください		(イ) (ア)の原因			
			(ウ) (イ)の原因		◆年、月、日等の単位で書いてください ただし、1日未満の場合は、時、分等の単位で書いてください（例：1年3か月、5時間20分）	
	◆I欄では、最も死亡に影響を与えた傷病名を医学的因果関係の順番で書いてください		(エ) (ウ)の原因			
	◆I欄の傷病名の記載は各欄一つにしてください	II	直接には死因に関係しないがI欄の傷病経過に影響を及ぼした傷病名等			
	ただし、欄が不足する場合は(エ)欄に残りを医学的因果関係の順番で書いてください	手術	1無　2有	部位及び主要所見	手術年月日	令和 平成 昭和　年 月 日
		解剖	1無　2有	主要所見		

傷病名等は、日本語で書いてください。
I欄では、各傷病について発病の型（例：急性）、病因（例：病原体名）、部位（例：胃幽門部がん）、性状（例：病理組織型）等もできるだけ書いてください。

妊娠中の死亡の場合は「妊娠満何週」、また、分娩中の死亡の場合は「妊娠満何週の分娩中」と書いてください。産後1年未満の死亡の場合は「妊娠満何週、産後満何日」と書いてください。

I欄及びII欄に関係した手術について、術式又はその診断名と関連のある所見等を書いてください。紹介状や伝聞等による情報についてもカッコを付して書いてください。

(15)	死因の種類	①病死及び自然死 外因死　不慮の外因死 2交通事故 3転倒・転落 4溺水 5煙、火災及び火焰による傷害 6窒息 7中毒 8その他　その他及び不詳の外因死 9自殺 10他殺 11その他及び不詳の外因　12不詳の死

「2交通事故」は、事故発生からの期間にかかわらず、その事故によって死亡した場合です。
「5煙、火災及び火焰による傷害」は、火災による一酸化炭素中毒、窒息等も含まれます。

(16)	外因死の追加事項	傷害が発生したとき	令和・平成・昭和　年　月　日　午前・午後　時　分
	◆伝聞又は推定情報の場合でも書いてください	傷害が発生したところの種別	1住居 2工場及び建築現場 3道路 4その他（　　　　　）
		傷害が発生したところ	都道 府県　市 郡　区 町村
		手段及び状況	

「1住居」とは、住宅、庭等をいい、老人ホーム等の居住施設は含まれません。

傷害がどういう状況で起こったかを具体的に書いてください。

(17)	生後1年未満で病死した場合の追加事項	出生時体重 グラム	単胎・多胎の別 1単胎 2多胎（子中第　子）	妊娠週数 満　週
		妊娠・分娩時における母体の病態又は異状 1無　2有　3不詳	母の生年月日 昭和 平成　年 月 日 令和	前回までの妊娠の結果 出生児　人 死産児　胎（妊娠満22週以後に限る）

妊娠週数は、最終月経、基礎体温、超音波計測等により推定し、できるだけ正確に書いてください。
母子健康手帳等を参考に書いてください。

(18)	その他特に付言すべきことがら	

(19)	上記のとおり診断（検案）する	診断（検案）年月日 令和　8 年　4 月　13 日 本診断書（検案書）発行年月日 令和　8 年　4 月　14 日
	病院、診療所、介護医療院若しくは介護老人保健施設等の名称及び所在地又は医師の住所	東京都千代田区平河町5丁目6　番地 2 号
	（氏名）　医師	川村　幸一

氏名の欄には、医師本人が署名してください。記名押印は原則不可です。

◇死亡した者の戸籍

(2の1) 全部事項証明

本　　　籍	東京都千代田区平河町一丁目１０番地
氏　　　名	甲野　義男

戸籍事項 　戸籍改製	【改製日】平成９年３月５日 【改製事由】平成６年法務省令第５１号附則第２条第１項による 　　　　　　改製

戸籍に記録されている者 除　　籍	【名】義男 【生年月日】昭和１５年４月５日 【父】甲野幸雄 【母】甲野松子 【続柄】長男

身分事項 　出　　生	【生年月日】昭和１５年４月５日 【出生地】東京都千代田区 【届出日】昭和１５年４月１３日 【届出人】父
婚　　姻	【婚姻日】昭和４７年５月６日 【配偶者の氏名】乙野梅子 【従前戸籍】東京都千代田区平河町二丁目６番地　甲野幸雄
死　　亡	【死亡日】令和８年４月１３日 【死亡時分】午後６時４０分 【死亡地】東京都千代田区 【届出日】令和８年４月１６日 【届出人】親族　甲野梅子

戸籍に記録されている者	【名】梅子 【生年月日】昭和１６年３月１０日 【父】乙野孝吉 【母】乙野夏子 【続柄】二女

身分事項 　出　　生	【生年月日】昭和１６年３月１０日 【出生地】大阪市北区 【届出日】昭和１６年３月１５日 【届出人】父
婚　　姻	【婚姻日】昭和４７年５月６日 【配偶者氏名】甲野義男

発行番号　　　　　　　　　　　　　　　　　　　　　　　　　以下次頁

（2の2）　全部事項証明

配偶者の死亡	【従前戸籍】大阪市北区老松町三丁目9番地　乙野孝吉
	【配偶者の死亡日】令和8年4月13日
	以下余白

発行番号

事例2　181

| 事例2 | 同居の親族（妻）が非本籍地（住所地）の市区町村で死亡し，同居の親族（夫）が住所地（所在他）の市区町村長に死亡の届出をする場合 |

死　亡　届

令和 8 年 4 月17日 届出

東京都文京区 長 殿

受理	令和 8 年 4 月17日			
第　　234　　号				
書類調査	戸籍記載	記載調査	調査票	附　票	住民票	通　知

記入の注意

(1)	（よみかた）	おつ　かわ　　　　あき　こ	
(2)	氏　　　名	氏　乙 川　　名　秋 子　　□男　☑女	
(3)	生 年 月 日	昭和 13 年 10 月 30日（生まれてから30日以内に死亡したときは生まれた時刻も書いてください）□午前　　時　　分　□午後	
(4)	死亡したとき	令和 8 年 4 月 15日　□午前 ☑午後 7 時 10 分	
(5)	死亡したところ	東京都文京区小石川6丁目　7 番地 番 8 号	
(6)	住　　　所（住民登録をしているところ）	東京都文京区千石4丁目5番6号　世帯主の氏名 乙 川 春 雄	
(7)	本　　　籍（外国人のときは国籍だけを書いてください）	横浜市中区山下町4丁目　8 番地 番　筆頭者の氏名 乙 川 春 雄	
(8)(9)	死亡した人の夫または妻	☑いる（満 88歳）　□いない □未婚 □死別 □離別	
(10)	死亡したときの世帯のおもな仕事と	□1.農業だけまたは農業とその他の仕事を持っている世帯 □2.自由業・商工業・サービス業等を個人で経営している世帯 □3.企業・個人商店等（官公庁は除く）の常用勤労者世帯で勤め先の従業者数が1人から99人までの世帯（日々または1年未満の契約の雇用者は5） ☑4.3にあてはまらない常用勤労者世帯及び会社団体の役員の世帯（日々または1年未満の契約の雇用者は5） □5.1から4にあてはまらないその他の仕事をしている者のいる世帯 □6.仕事をしている者のいない世帯	
(11)	死亡した人の職業・産業	（国勢調査の年…　　年…の4月1日から翌年3月31日までに死亡したときだけ書いてください） 職業　　　　　　　　　　　産業	

鉛筆や消えやすいインキで書かないでください。

死亡したことを知った日からかぞえて7日以内に出してください。

→「筆頭者の氏名」には，戸籍のはじめに記載されている人の氏名を書いてください。

→内縁のものはふくまれません。

□には，あてはまるものに☑のようにしるしをつけてください。

→死亡者について書いてください。

その他

届出人	□1.同居の親族 ☑　　□2.同居していない親族　□3.同居者　□4.家主　□5.地主 □6.家屋管理人　□7.土地管理人　□8.公設所の長　□9.後見人 □10.保佐人　□11.補助人　□12.任意後見人　□13.任意後見受任者
	住所　東京都文京区千石4丁目5番6号
	本籍　横浜市中区山下町4丁目8 番地 番　筆頭者の氏名 乙川春雄
	署名（※押印は任意）　乙 川 春 雄　㊞　昭和 12 年 11 月 15 日生

事件簿番号

届け出られた事項は，人口動態調査（統計法に基づく基幹統計調査，厚生労働省所管），がん登録等の推進に関する法律に基づく全国がん登録（厚生労働省所管），高齢者の医療の確保に関する法律に基づくレセプト情報・特定健診等情報データベース（厚生労働省所管），感染症の予防及び感染症の患者に対する医療に関する法律に基づく所要の感染症対策（厚生労働省所管）にも用いられます。

死亡診断書（省略）

◇死亡した者の戸籍

(1の1) | 全部事項証明

本　　　籍	横浜市中区山下町四丁目8番地
氏　　　名	乙川　春雄

戸籍事項 　　戸籍改製	(省略)

戸籍に記録されている者	【名】春雄 【生年月日】昭和12年11月15日 【父】乙川勝雄 【母】乙川夏江 【続柄】二男
身分事項 　　出　　生	(省略)
婚　　姻	(省略)
配偶者の死亡	【配偶者の死亡日】令和8年4月15日

戸籍に記録されている者 除　　籍	【名】秋子 【生年月日】昭和13年10月30日 【父】甲村太郎 【母】甲村竹子 【続柄】三女
身分事項 　　出　　生	(省略)
婚　　姻	(省略)
死　　亡	【死亡日】令和8年4月15日 【死亡時分】午後7時10分 【死亡地】東京都文京区 【届出日】令和8年4月17日 【届出人】親族　乙川春雄 【通知を受けた日】令和8年4月19日 【受理者】東京都文京区長
	以下余白

発行番号

事例3　183

事例3	同居していない親族（父）が非本籍地（住所地）の市区町村で死亡し，別居の親族（長男）が父の住所であった地（届出人の所在地）の市区町村長に死亡の届出をし，本籍地の市区町村長において，全員除籍により戸籍を消除する場合

死 亡 届

令和 8 年 4 月18日 届出

横浜市磯子区 長 殿

受理	令和 8 年 4 月18日			
第 234 号				
書類調査	戸籍記載	記載調査	調査票	附 票	住民票	通 知

(1)	（よみかた）	おつ やま　　　　しょう じ			**記入の注意**
(2)	氏　　名	氏　　　　名　　　　　乙 山　　　正 治	☑男　□女		鉛筆や消えやすいインキで書かないでください。
(3)	生 年 月 日	昭和 15 年 1 月10日 〈生まれてから30日以内に死亡したときは生まれた時刻も書いてください〉	□午前　□午後　　時　　分		死亡したことを知った日からかぞえて7日以内に出してください。
(4)	死亡したとき	令和 8 年 4 月16日 □午前 ☑午後 5 時20分			
(5)	死亡したところ	横浜市磯子区磯子6丁目 7番地 8号			
(6)	住　　所（住民登録をしているところ）	横浜市磯子区磯子9丁目10番11号			
		世帯主の氏名　乙 山 正 治			
(7)	本　　籍（外国人のときは国籍だけを書いてください）	東京都千代田区平河町7丁目 20 番地番			「筆頭者の氏名」には，戸籍のはじめに記載されている人の氏名を書いてください。
		筆頭者の氏名　乙 山 正 治			
(8)(9)	死亡した人の夫または妻	□いる（満　歳）　☑いない（□未婚 ☑死別 □離別）			内縁のものはふくまれません。
(10)	死亡したときの世帯のおもな仕事と	□1.農業だけまたは農業とその他の仕事を持っている世帯 □2.自由業・商工業・サービス業等を個人で経営している世帯 □3.企業・個人商店等（官公庁は除く）の常用勤労者世帯で勤め先の従業者数が1人から99人までの世帯（日々または1年未満の契約の雇用者は5） ☑4.3にあてはまらない常用勤労者世帯及び会社団体の役員の世帯（日々または1年未満の契約の雇用者は5） □5.1から4にあてはまらないその他の仕事をしている者のいる世帯 □6.仕事をしている者のいない世帯			□には，あてはまるものに☑のようにしるしをつけてください。
(11)	死亡した人の職業・産業	（国勢調査の年…　年―の4月1日から翌年3月31日までに死亡したときだけ書いてください） 職業　　　　　　　　産業			死亡者について書いてください。
その他		届出地は，届出人の所在地（一時滞在地）である。 　届出人の所在地　横浜市磯子区磯子9丁目10番11号			届け出られた事項は，人口動態調査（統計法に基づく基幹統計調査，厚生労働省所管），がん登録等の推進に関する法律に基づく全国がん登録（厚生労働省所管），高齢者の医療の確保に関する法律に基づくレセプト情報・特定健診等情報データベース（厚生労働省所管），感染症の予防及び感染症の患者に対する医療に関する法律に基づく所要の感染症対策（厚生労働省所管）にも用いられます。
届出人		□1.同居の親族 ☑2.同居していない親族 □3.同居者 □4.家主 □5.地主 □6.家屋管理人 □7.土地管理人 □8.公設所の長 □9.後見人 □10.保佐人 □11.補助人 □12.任意後見人 □13.任意後見受任者			
	住所	東京都千代田区大手町8丁目9番7号			
	本籍	東京都千代田区平河町7丁目20 番地番 筆頭者の氏名 乙山正一			
	署名（※押印は任意）	乙 山 正 一 ㊞ 昭和44 年 2 月12日生			
事件簿番号					

死亡診断書（省略）

◇死亡した者の戸籍

除　　籍	（1の1）　全部事項証明	
本　　　籍	東京都千代田区平河町七丁目20番地	
氏　　　名	乙山　正治	
戸籍事項 　　戸籍改製 　　戸籍消除	（省略） 【消除日】令和8年4月20日	
戸籍に記録されている者 　[除　　籍]	【名】正治 【生年月日】昭和15年1月10日 【父】乙山正助 【母】乙山春枝 【続柄】長男	
身分事項 　　出　　生 　　婚　　姻 　　配偶者の死亡 　　死　　亡	（省略） （省略） 【配偶者の死亡日】平成30年4月10日 【死亡日】令和8年4月16日 【死亡時分】午後5時20分 【死亡地】横浜市磯子区 【届出日】令和8年4月18日 【届出人】親族　乙山正一 【通知を受けた日】令和8年4月20日 【受理者】横浜市磯子区長	
戸籍に記録されている者 　[除　　籍]	【名】春枝 【生年月日】昭和15年3月15日 【父】丙川勝吉 【母】丙川秋代 【続柄】二女	
身分事項 　　出　　生 　　婚　　姻 　　死　　亡	（省略） （省略） 【死亡日】平成30年4月10日 【死亡時分】午後3時10分 【死亡地】横浜市磯子区 【届出日】平成30年4月11日 【届出人】親族　乙山正治 【送付を受けた日】平成30年4月13日 【受理者】横浜市磯子区長	
	以下余白	

発行番号

事例4　185

| 事例4 | 同居の親族（子）が本籍地の市区町村で死亡し，同居の親族（父）が本籍地の市区町村長に死亡の届出をする場合 |

死　亡　届

令和 8 年 5 月21日 届出

東京都千代田区 長 殿

受理	令和 8 年 5 月21日					
第　　345　　号						
書類調査	戸籍記載	記載調査	調査票	附　票	住民票	通　知

				記入の注意
(1)	（よみかた）	こう の　　まつ こ		鉛筆や消えやすいインキで書かないでください。
(2)	氏　　　名	甲野　松子　　□男 ☑女		
(3)	生 年 月 日	令和 8 年 3 月 1 日 (生まれてから30日以内に死亡したときは生まれた時刻も書いてください) □午前 □午後　時　分		死亡したことを知った日からかぞえて 7 日以内に出してください。
(4)	死亡したとき	令和 8 年 5 月 19 日 □午前 ☑午後 2 時 40分		
(5)	死亡したところ	東京都千代田区大手町8丁目 9 番地番 10号		
(6)	住　　　所 （住民登録をしているところ）	東京都千代田区平河町7丁目8番9号		
		世帯主の氏名 甲野 義太郎		
(7)	本　　　籍 （外国人のときは国籍だけを書いてください）	東京都千代田区平河町7丁目 15 番地番		「筆頭者の氏名」には，戸籍のはじめに記載されている人の氏名を書いてください。
		筆頭者の氏名 甲野 義太郎		
(8)(9)	死亡した人の夫 ま た は 妻	□いる（満　歳）　☑いない（☑未婚 □死別 □離別）		内縁のものはふくまれません。
(10)	死亡したときの世帯のおもな仕事と	□1.農業だけまたは農業とその他の仕事を持っている世帯 □2.自由業・商工業・サービス業等を個人で経営している世帯 □3.企業・個人商店等（官公庁は除く）の常用勤労者世帯で勤め先の従業者数が1人から99人までの世帯（日々または1年未満の契約の雇用者は5） ☑4.3にあてはまらない常用勤労者世帯及び会社団体の役員の世帯（日々または1年未満の契約の雇用者は5） □5.1から4にあてはまらないその他の仕事をしている者のいる世帯 □6.仕事をしている者のいない世帯		□には，あてはまるものに☑のようにしるしをつけてください。
(11)	死亡した人の職業・産業	(国勢調査の年… …の4月1日から翌年3月31日までに死亡したときだけ書いてください) 職業　　　　　　　　　産業		死亡者について書いてください。
	その他			届け出られた事項は，人口動態調査（統計法に基づく基幹統計調査，厚生労働省所管），がん登録等の推進に関する法律に基づく全国がん登録（厚生労働省所管），高齢者の医療の確保に関する法律に基づくレセプト情報・特定健診等情報データベース（厚生労働省所管），感染症の予防及び感染症の患者に対する医療に関する法律に基づく所要の感染症対策（厚生労働省所管）にも用いられます。
届出人		☑1.同居の親族 □2.同居していない親族 □3.同居者 □4.家主 □5.地主 □6.家屋管理人 □7.土地管理人 □8.公設所の長 □9.後見人 □10.保佐人 □11.補助人 □12.任意後見人 □13.任意後見受任者		
	住　所	東京都千代田区平河町7丁目8番9号		
	本　籍	東京都千代田区平河町7丁目15 番地番 筆頭者の氏名 甲野義太郎		
	署　名 (※押印は任意)	甲野 義太郎 ㊞ 平成 9 年 6 月 7 日生		
	事件簿番号			

死亡診断書（省略）

◇死亡した者の戸籍

(1の1) | 全部事項証明

本　　　籍	東京都千代田区平河町七丁目１５番地
氏　　　名	甲野　義太郎

戸籍事項 　　戸籍編製	（省略）

戸籍に記録されている者	【名】義太郎 【生年月日】平成９年６月７日　　　　　【配偶者区分】夫 【父】甲野孝吉 【母】甲野和子 【続柄】長男
身分事項 　　出　　生	（省略）
婚　　姻	（省略）

戸籍に記録されている者	【名】梅子 【生年月日】平成１１年３月２日　　　　【配偶者区分】妻 【父】乙川信助 【母】乙川竹子 【続柄】長女
身分事項 　　出　　生	（省略）
婚　　姻	（省略）

戸籍に記録されている者 除　　籍	【名】松子 【生年月日】令和８年３月１日 【父】甲野義太郎 【母】甲野梅子 【続柄】長女
身分事項 　　出　　生	【生年月日】令和８年３月１日 【出生地】東京都千代田区 【届出日】令和８年３月８日 【届出人】父
死　　亡	【死亡日】令和８年５月１９日 【死亡時分】午後２時４０分 【死亡地】東京都千代田区 【届出日】令和８年５月２１日 【届出人】親族　甲野義太郎
	以下余白

発行番号

事例5　187

事例5	非本籍地で出生した者の出生届書が本籍地の市区町村長に法務大臣から通知される前に，本籍地の市区町村で死亡し，同居の親族（父）が本籍地の市区町村長に死亡の届出をする場合

死 亡 届

令和 8 年10月 8 日 届出

東京都千代田区 長 殿

受理	令和 8 年 10月 8 日					
第	987	号				
書類調査	戸籍記載	記載調査	調査票	附 票	住民票	通 知

(1)	（よみかた）	おつ の 氏	あき こ 名		
(2)	氏　　名	乙 野	秋 子	□男 ☑女	

(3) 生 年 月 日　令和 8 年 9 月15日（生まれてから30日以内に死亡したときは生まれた時刻も書いてください）☑午前 □午後 2 時 30分

(4) 死亡したとき　令和 8 年 10月 6 日 □午前 ☑午後 7 時 10分

(5) 死亡したところ　東京都千代田区大手町9丁目 8 番地番 7 号

(6) 住　所（住民登録をしているところ）　東京都千代田区平河町8丁目7番6号
世帯主の氏名　乙 野 太 郎

(7) 本　籍（外国人のときは国籍だけを書いてください）　東京都千代田区平河町8丁目 25 番地番
筆頭者の氏名　乙 野 太 郎

(8)(9) 死亡した人の夫または妻　□いる（満 歳）　☑いない（☑未婚 □死別 □離別）

(10) 死亡したときの世帯のおもな仕事と
□1. 農業だけまたは農業とその他の仕事を持っている世帯
□2. 自由業・商工業・サービス業等を個人で経営している世帯
□3. 企業・個人商店等（官公庁は除く）の常用勤労者世帯で勤め先の従業者数が1人から99人までの世帯（日々または1年未満の契約の雇用者は5）
☑4. 3にあてはまらない常用勤労者世帯及び会社団体の役員の世帯（日々または1年未満の契約の雇用者は5）
□5. 1から4にあてはまらないその他の仕事をしている者のいる世帯
□6. 仕事をしている者のいない世帯

(11) 死亡した人の職業・産業　（国勢調査の年…　年…の4月1日から翌年3月31日までに死亡したときだけ書いてください）
職業　　　　　　産業

その他	

届出人
☑1. 同居の親族　□2. 同居していない親族　□3. 同居者　□4. 家主　□5. 地主
□6. 家屋管理人　□7. 土地管理人　□8. 公設所の長　□9. 後見人
□10. 保佐人　□11. 補助人　□12. 任意後見人　□13. 任意後見受任者

住所　東京都千代田区平河町8丁目7番6号

本籍　東京都千代田区平河町8丁目25 番地番　筆頭者の氏名　乙野太郎

署名（※押印は任意）　乙 野 太 郎 ㊞　平成 9 年 7 月 4 日生

事件簿番号

記入の注意

鉛筆や消えやすいインキで書かないでください。

死亡したことを知った日からかぞえて7日以内に出してください。

→「筆頭者の氏名」には，戸籍のはじめに記載されている人の氏名を書いてください。

→内縁のものはふくまれません。

□には，あてはまるものに☑のようにしるしをつけてください。

→死亡者について書いてください。

届け出られた事項は，人口動態調査（統計法に基づく基幹統計調査，厚生労働省所管），がん登録等の推進に関する法律に基づく全国がん登録（厚生労働省所管），高齢者の医療の確保に関する法律に基づくレセプト情報・特定健診等情報データベース（厚生労働省所管），感染症の予防及び感染症の医療に関する法律に基づく所要の感染症対策（厚生労働省所管）にも用いられます。

死亡診断書（省略）

〔**参考文献**〕「改訂設題解説戸籍実務の処理Ⅶ」113頁以下

◇死亡した者の戸籍

(2の1) | 全部事項証明

本　　籍	東京都千代田区平河町八丁目２５番地
氏　　名	乙野　太郎

戸籍事項 　　戸籍編製	(省略)

戸籍に記録されている者	【名】太郎
	【生年月日】平成９年７月４日　　　　【配偶者区分】夫 【父】乙野幸治 【母】乙野松子 【続柄】二男
身分事項 　　出　　生	(省略)
婚　　姻	(省略)

戸籍に記録されている者	【名】竹子
	【生年月日】平成１６年３月２日　　　　【配偶者区分】妻 【父】甲川真 【母】甲川梅子 【続柄】長女
身分事項 　　出　　生	(省略)
婚　　姻	(省略)

戸籍に記録されている者	【名】秋子
	【生年月日】令和８年９月１５日 【父】乙野太郎 【母】乙野竹子 【続柄】長女
除　　籍	
身分事項 　　出　　生	【生年月日】令和８年９月１５日 【出生地】埼玉県上尾市 【届出日】令和８年１０月５日

発行番号　　　　　　　　　　　　　　　　　　　　　　　　　以下次頁

（2の2）　全部事項証明

死　亡	【届出人】父 【通知を受けた日】令和8年10月9日 【受理者】埼玉県上尾市長
	【死亡日】令和8年10月6日 【死亡時分】午後7時10分 【死亡地】東京都千代田区 【届出日】令和8年10月8日 【届出人】親族　乙野太郎 【除籍日】令和8年10月9日
	以下余白

発行番号

第1　死亡の届出

事例6	航海日誌を備えている船舶内で死亡した者について，着港地の市区町村長に船長が死亡に関する事項を記載した航海日誌の謄本を送付し，その謄本により死亡した者の本籍地の市区町村長で処理する場合

航海日誌謄本

受理	令和 8 年 6 月25日			
第	536 号			
書類調査	戸籍記載	記載調査	調査票	附　票	住民票	通　知

(1)	（よみかた）	こう　　　かわ　　　はる　　　お		
(2)	氏　　　名	氏　甲　川　　名　春　夫	☑男　□女
(3)	生 年 月 日	昭和 37 年 4 月 5 日 <small>生まれてから30日以内に死亡したときは生まれた時刻も書いてください</small> □午前 □午後　　時　　分
(4)	死亡したとき	令和 8 年 6 月 23 日 □午前 ☑午後 3 時 50 分
(5)	死亡したところ	北緯34度12分・東経138度10分 長崎港から横浜港間の船舶日本丸
(6)	住　　　所 （住民登録をしているところ）	東京都千代田区大手町6丁目　7 番地 番 8 号
		世帯主の氏名 甲　川　春　夫
(7)	本　　　籍 （外国人のときは国籍だけを書いてください）	東京都千代田区大手町6丁目　30 番地 番
		筆頭者の氏名 甲　川　春　夫
(8) (9)	死亡した人の夫 ま た は 妻	☑いる（満 62 歳）　□いない（□未婚 □死別 □離別）
(10)	死亡したときの世帯のおもな仕事と	□1.農業だけまたは農業とその他の仕事を持っている世帯 □2.自由業・商工業・サービス業等を個人で経営している世帯 □3.企業・個人商店等（官公庁は除く）の常用勤労者世帯で勤め先の従業者数が1人から99人までの世帯（日々または1年未満の契約の雇用者は5） ☑4.3にあてはまらない常用勤労者世帯及び会社団体の役員の世帯（日々または1年未満の契約の雇用者は5） □5.1から4にあてはまらないその他の仕事をしている者のいる世帯 □6.仕事をしている者のいない世帯
(11)	死亡した人の職 業 ・ 産 業	<small>（国勢調査の年…　　年…の4月1日から翌年3月31日までに死亡したときだけ書いてください）</small> 職業　　　　　　　　　　　　　　産業
	その他	

令和 8 年 6 月 23 日　午後 4 時

日本丸　船　長　　　山　村　一　郎

謄本送付の年月日時 送 付 先	令和8年6月25日午前10時　横浜市中区長

備考　死亡したところは，航海中にあっては経緯度をもって表示すること。

◇死亡した者の戸籍

(1の1) | 全部事項証明

本　　　籍	東京都千代田区大手町六丁目３０番地
氏　　　名	甲川　春夫

戸籍事項 　戸籍改製	(省略)

戸籍に記録されている者 除　籍	【名】春夫 【生年月日】昭和３７年４月５日 【父】甲川吉治 【母】甲川道子 【続柄】二男
身分事項 　出　　生	(省略)
婚　　姻	(省略)
死　　亡	【死亡日】令和８年６月２３日 【死亡時分】午後３時５０分 【死亡地】長崎港から横浜港間の船舶日本丸 【航海日誌謄本提出日】令和８年６月２５日 【通知を受けた日】令和８年６月２７日 【受理者】横浜市中区長

戸籍に記録されている者	【名】夏子 【生年月日】昭和３８年８月３日 【父】乙村助蔵 【母】乙村咲世 【続柄】三女
身分事項 　出　　生	(省略)
婚　　姻	(省略)
配偶者の死亡	【配偶者の死亡日】令和８年６月２３日
	以下余白

発行番号

192　第1　死亡の届出

事例7	航海日誌を備えている船舶内で死亡した者について，船舶が外国の港に着いたので，船長が死亡に関する事項を記載した航海日誌の謄本を着港地の国に駐在する日本国領事に送付し，その謄本が同領事から外務大臣を経由して死亡した者の本籍地の市区町村長に送付された場合

航海日誌謄本

受理　令和 8 年 7 月21日	発送　令和 8 年 7 月28日
第　　432　号	（公館印）
送付　令和 8 年 8 月27日	
第　　7　号	

(1)	（よみかた）	おつ　　の　　　なつ　　お	
(2)	氏　　　名	乙　野　　夏　雄	☑男　□女
(3)	生 年 月 日	昭和 42 年 8 月 6 日（生まれてから30日以内に死亡したときは生まれた時刻も書いてください）	□午前　　時　分 □午後
(4)	死亡したとき	令和 8 年 7 月 15 日	□午前 ☑午後　5 時 30 分
(5)	死亡したところ	北緯35度10分・東経140度30分 横浜港からアメリカ合衆国サンフランシスコ港間の船舶富士丸	
(6)	住　　　所 （住民登録をしているところ）	東京都新宿区西新宿10丁目　　11 番地番 12 号	
		世帯主の氏名　乙　野　夏　雄	
(7)	本　　　籍 （外国人のときは国籍だけを書いてください）	東京都新宿区新宿1丁目　　150 番地番	
		筆頭者の氏名　乙　野　夏　雄	
(8)(9)	死亡した人の夫または妻	□いる（満　　歳）　☑いない（☑未婚　□死別　□離別）	
(10)	死亡したときの世帯のおもな仕事と	□1.農業だけまたは農業とその他の仕事を持っている世帯 □2.自由業・商工業・サービス業等を個人で経営している世帯 □3.企業・個人商店等（官公庁は除く）の常用勤労者世帯で勤め先の従業者数が1人から99人までの世帯（日々または1年未満の契約の雇用者は5） ☑4.3にあてはまらない常用勤労者世帯及び会社団体の役員の世帯（日々または1年未満の契約の雇用者は5） □5.1から4にあてはまらないその他の仕事をしている者のいる世帯 □6.仕事をしている者のいない世帯	
(11)	死亡した人の職業・産業	（国勢調査の年…　　年…の4月1日から翌年3月31日までに死亡したときだけ書いてください） 職業　　　　　　　　　産業	
	その他		

令和 8 年 7 月 15 日　午後 10 時

富士丸　船　長　　　乙　川　太　郎

謄本送付の年月日時 送　付　先	令和8年7月21日午後4時 在サンフランシスコ日本国総領事

備考　死亡したところは，航海中にあっては経緯度をもって表示すること。

◇死亡した者の戸籍

除　　籍	（1の1）　全部事項証明
本　　籍	東京都新宿区新宿一丁目１５０番地
氏　　名	乙野　夏雄

戸籍事項 　　戸籍編製 　　戸籍消除	【編製日】平成６年７月８日 【消除日】令和８年８月２７日
戸籍に記録されている者 　　　除　　籍	【名】夏雄 【生年月日】昭和４２年８月６日 【父】乙野忠治 【母】乙野春子 【続柄】三男
身分事項 　　出　　生	（省略）
分　　籍	【分籍日】平成６年７月８日 【従前戸籍】京都市上京区小山初音町１８番地　乙野忠治
死　　亡	【死亡日】令和８年７月１５日 【死亡時分】午後５時３０分 【死亡地】横浜港からアメリカ合衆国サンフランシスコ港間の船 　　　　　舶富士丸 【航海日誌謄本提出日】令和８年７月２１日 【送付を受けた日】令和８年８月２７日 【受理者】在サンフランシスコ総領事
	以下余白

発行番号

〔注〕　在外公館から送付された届書等については，「送付を受けた日」として記載します。

194　第1　死亡の届出

事例8	航海日誌を備えていない船舶内で死亡した者について，親族から死亡の届出が着港地の市区町村長にされ，死亡した者の本籍地の市区町村長において処理する場合

死　亡　届

令和 8 年 9 月 6 日 届出

横浜市中区 長 殿

受理	令和 8 年 9 月 6 日		
第	567	号	
書類調査	戸籍記載	記載調査	調査票	附 票	住民票	通 知

					記入の注意
(1)	（よみかた）	おつ　はら　氏	しょう　きち　名	☑男　□女	鉛筆や消えやすいインキで書かないでください。
(2)	氏　名	乙　原	正　吉		
(3)	生 年 月 日	昭和 55 年 2 月 5 日	生まれてから30日以内に死亡したときは生まれた時刻も書いてください	□午前 □午後　時　分	死亡したことを知った日からかぞえて 7 日以内に出してください。
(4)	死亡したとき	令和 8 年 9 月 4 日	□午前 ☑午後 10 時 20 分		
(5)	死亡したところ	神戸港から横浜港間の船舶光洋丸		番地 番　　号	
(6)	住　所 （住民登録をしているところ）	横浜市中区中央7丁目8番9号			
		世帯主の氏名 乙原 正吉			
(7)	本　籍 （外国人のときは国籍だけを書いてください）	東京都江東区富岡9丁目 70		番地 番	「筆頭者の氏名」には，戸籍のはじめに記載されている人の氏名を書いてください。
		筆頭者の氏名 乙原 正吉			
(8)(9)	死亡した人の夫または妻	□いる（満　歳）　☑いない（□未婚 ☑死別 □離別）			内縁のものはふくまれません。 □には，あてはまるものに☑のようにしるしをつけてください。
(10)	死亡したときの世帯のおもな仕事と	□1.農業だけまたは農業とその他の仕事を持っている世帯 □2.自由業・商工業・サービス業等を個人で経営している世帯 □3.企業・個人商店等（官公庁は除く）の常用勤労者世帯で勤め先の従業者数が1人から99人までの世帯（日々または1年未満の契約の雇用者は5） ☑4.3にあてはまらない常用勤労者世帯及び会社団体の役員の世帯（日々または1年未満の契約の雇用者は5） □5.1から4にあてはまらないその他の仕事をしている者のいる世帯 □6.仕事をしている者のいない世帯			
(11)	死亡した人の職業・産業	（国勢調査の年…　年の4月1日から翌年3月31日までに死亡したときだけ書いてください） 職業　　　　　産業			死亡者について書いてください。
その他	届出地は，届出人の所在地（一時滞在地）である。 届出人の所在地　横浜市中区中央7丁目8番9号				届け出られた事項は，人口動態調査（統計法に基づく基幹統計調査，厚生労働省所管），がん登録等の推進に関する法律に基づく全国がん登録（厚生労働省所管），高齢者の医療の確保に関する法律に基づくレセプト情報・特定健診等情報データベース（厚生労働省所管），感染症の予防及び感染症の患者に対する医療に関する法律に基づく所要の感染症対策（厚生労働省所管）にも用いられます。
届出人	□1.同居の親族　☑2.同居していない親族　□3.同居者　□4.家主　□5.地主 □6.家屋管理人　□7.土地管理人　□8.公設所の長　□9.後見人 □10.保佐人　□11.補助人　□12.任意後見人　□13.任意後見受任者				
	住所　横浜市緑区寺山町760番地				
	本籍　東京都江東区豊洲8丁目90	番地 番	筆頭者の氏名 乙原和雄		
	署名 （※押印は任意） 乙 原 和 雄 ㊞　昭和 53 年 4 月 6 日生				
事件簿番号					

死亡診断書（省略）

◇死亡した者の戸籍

除　　籍	（２の１）　　全 部 事 項 証 明
本　　　籍	東京都江東区富岡九丁目７０番地
氏　　　名	乙原　正吉

戸籍事項	
戸籍編製	（省略）
戸籍消除	【消除日】令和８年９月８日

戸籍に記録されている者	【名】正吉
	【生年月日】昭和５５年２月５日
	【父】乙原正治
	【母】乙原秋江
除　　籍	【続柄】二男

身分事項	
出　　生	（省略）
婚　　姻	（省略）
配偶者の死亡	【配偶者の死亡日】平成３０年５月９日
死　　亡	【死亡日】令和８年９月４日
	【死亡時分】午後１０時２０分
	【死亡地】神戸港から横浜港間の船舶光洋丸
	【届出日】令和８年９月６日
	【届出人】親族　乙原和雄
	【通知を受けた日】令和８年９月８日
	【受理者】横浜市中区長

戸籍に記録されている者	【名】利枝
	【生年月日】昭和５５年３月２０日
	【父】丙山吉春
	【母】丙山美代
除　　籍	【続柄】長女

身分事項	
出　　生	（省略）
婚　　姻	（省略）
死　　亡	【死亡日】平成３０年５月９日
	【死亡時分】午後４時３０分
	【死亡地】横浜市西区

発行番号　　　　　　　　　　　　　　　　　　　　　　　　　　以下次頁

（2の2）　全部事項証明

	【届出日】平成３０年５月１１日 【届出人】親族　乙原正吉 【送付を受けた日】平成３０年５月１３日 【受理者】横浜市西区長
	以下余白

発行番号

事例9 197

事例9 病院その他の公設所で死亡した者について，戸籍法第87条に規定する届出人がないため，当該公設所の長が死亡の届出をした場合

死　亡　届

令和 8 年 8 月12日 届出

受理	令和 8 年 8 月12日					
第	876	号				
書類調査	戸籍記載	記載調査	調査票	附　票	住民票	通　知

東京都新宿区 長 殿

					記入の注意
(1)	（よみかた）	こう の　　　　　ご ろう			鉛筆や消えやすいインキで書かないでください。
(2)	氏　　名	甲野　　　五郎	☑男　□女		
(3)	生 年 月 日	昭和 47 年 6 月7日	生まれてから30日以内に死亡したときは生まれた時刻も書いてください □午前 □午後　　時　　分		死亡したことを知った日からかぞえて7日以内に出してください。
(4)	死亡したとき	令和 8 年 8 月 10 日	☑午前 □午後 6 時 30 分		
(5)	死亡したところ	東京都新宿区北新宿7丁目 8 番地 9 号 番			
(6)	住　　所（住民登録をしているところ）	東京都新宿区若松町15番16号			
		世帯主の氏名 甲野 五郎			
(7)	本　　籍（外国人のときは国籍だけを書いてください）	東京都文京区白山6丁目 60 番地 番			「筆頭者の氏名」には、戸籍のはじめに記載されている人の氏名を書いてください。
		筆頭者の氏名 甲野 五郎			
(8)(9)	死亡した人の夫または妻	□いる（満　歳）　☑いない（□未婚　□死別　☑離別）			内縁のものはふくまれません。
(10)	死亡したときの世帯のおもな仕事と	□1.農業だけまたは農業とその他の仕事を持っている世帯 □2.自由業・商工業・サービス業等を個人で経営している世帯 □3.企業・個人商店等（官公庁は除く）の常用勤労者世帯で勤め先の従業者数が1人から99人までの世帯（日々または1年未満の契約の雇用者は5） ☑4.3にあてはまらない常用勤労者世帯及び会社団体の役員の世帯（日々または1年未満の契約の雇用者は5） □5.1から4にあてはまらないその他の仕事をしている者のいる世帯 □6.仕事をしている者のいない世帯			□には、あてはまるものに☑のようにしるしをつけてください。
(11)	死亡した人の職業・産業	（国勢調査の年…　年…の4月1日から翌年3月31日までに死亡したときだけ書いてください） 職業　　　　　　　　　　産業			死亡者について書いてください。
	その他	届出人は，東京都立北新宿病院長である。			届け出られた事項は、人口動態調査（統計法に基づく基幹統計調査、厚生労働省所管）、がん登録等の推進に関する法律に基づく全国がん登録（厚生労働省所管）、高齢者の医療の確保に関する法律に基づくレセプト情報・特定健診等情報データベース（厚生労働省所管）、感染症の予防及び感染症の患者に対する医療に関する法律に基づく所要の感染症対策（厚生労働省所管）にも用いられます。
	届出人	□1.同居の親族　□2.同居していない親族　□3.同居者　□4.家主　□5.地主 □6.家屋管理人　□7.土地管理人　☑8.公設所の長　□9.後見人 □10.保佐人　□11.補助人　□12.任意後見人　□13.任意後見受任者			
		住所 東京都新宿区北新宿7丁目8番9号			
		本籍　　　　　　　　番地 筆頭者 番　　の氏名			
		署名（※押印は任意） 丙川 太郎 ㊞　　年　月　日生			
	事件簿番号				

死亡診断書（又は死体検案書）省略

◇死亡した者の戸籍

除　　　　籍	（1の1）　全部事項証明
本　　　　籍	東京都文京区白山六丁目６０番地
氏　　　　名	甲野　五郎

戸籍事項 　　戸籍改製 　　戸籍消除	（省略） 【消除日】令和８年８月１４日
戸籍に記録されている者 　　　除　　　籍	【名】五郎 【生年月日】昭和４７年６月７日 【父】甲野竹治 【母】甲野梅子 【続柄】五男
身分事項 　　出　　　生	（省略）
婚　　　姻	（省略）
離　　　婚	（省略）
死　　　亡	【死亡日】令和８年８月１０日 【死亡時分】午前６時３０分 【死亡地】東京都新宿区 【届出日】令和８年８月１２日 【届出人】丙川太郎 【通知を受けた日】令和８年８月１４日 【受理者】東京都新宿区長
戸籍に記録されている者 　　　除　　　籍	【名】松子 【生年月日】昭和４９年１月１２日 【父】乙川孝吉 【母】乙川保子 【続柄】三女
身分事項 　　出　　　生	（省略）
婚　　　姻	（省略）
離　　　婚	（省略）
	以下余白

発行番号

事例10　199

事例10 刑事施設に収容中に死亡した者について，戸籍法第87条に規定する届出人がないため，当該刑事施設の長が死亡の届出をした場合

死　亡　届

令和 8 年 9 月15日 届出

東京都葛飾区 長 殿

受理	令和 8 年 9 月15日				
第　　987　　号					
書類調査	戸籍記載	記載調査	調査票	附　票	住民票	通　知

(1)	（よみかた）	おつ　むら　　　　　はる　お		**記入の注意**
(2)	氏　　　名	氏 乙 村　　名 春 男　　☑男 □女		鉛筆や消えやすいインキで書かないでください。
(3)	生 年 月 日	昭和 37 年 4 月 8 日（生まれてから30日以内に死亡したときは生まれた時刻も書いてください）□午前 □午後 　時　分		死亡したことを知った日からかぞえて 7 日以内に出してください。
(4)	死亡したとき	令和 8 年 9 月13日 ☑午前 □午後 7 時50分		
(5)	死亡したところ	東京都葛飾区小菅 5 丁目 6 番地 7 号		
(6)	住　　　所（住民登録をしているところ）	東京都中野区新井 7 丁目 5 番 6 号 世帯主の氏名 乙 村 春 男		
(7)	本　　　籍（外国人のときは国籍だけを書いてください）	東京都中野区新井 7 丁目 85 番地番 筆頭者の氏名 乙 村 春 男		◀「筆頭者の氏名」には，戸籍のはじめに記載されている人の氏名を書いてください。
(8)(9)	死亡した人の夫または妻	□いる（満　歳）☑いない（☑未婚 □死別 □離別）		◀内縁のものはふくまれません。□には，あてはまるものに☑のようにしるしをつけてください。
(10)	死亡したときの世帯のおもな仕事と	□ 1.農業だけまたは農業とその他の仕事を持っている世帯□ 2.自由業・商工業・サービス業等を個人で経営している世帯□ 3.企業・個人商店等（官公庁は除く）の常用勤労者世帯で勤め先の従業者数が 1 人から99人までの世帯（日々または 1 年未満の契約の雇用者は 5 ）□ 4.3 にあてはまらない常用勤労者世帯及び会社団体の役員の世帯（日々または 1 年未満の契約の雇用者は 5 ）☑ 5.1 から 4 にあてはまらないその他の仕事をしている者のいる世帯□ 6.仕事をしている者のいない世帯		
(11)	死亡した人の職業・産業	（国勢調査の年…　　年…の 4 月 1 日から翌年 3 月31日までに死亡したときだけ書いてください）職業　　　　　　　　　　産業		◀死亡者について書いてください。
	その他			届け出られた事項は，人口動態調査（統計法に基づく基幹統計調査，厚生労働省所管），がん登録等の推進に関する法律に基づく全国がん登録（厚生労働省所管），高齢者の医療の確保に関する法律に基づくレセプト情報・特定健診等情報データベース（厚生労働省所管），感染症の予防及び感染症の患者に対する医療に関する法律に基づく所要の感染症対策（厚生労働省所管）にも用いられます。
	届出人	□1.同居の親族　□2.同居していない親族　□3.同居者　□4.家主　□5.地主□6.家屋管理人　□7.土地管理人　☑8.公設所の長　□9.後見人□10.保佐人　□11.補助人　□12.任意後見人　□13.任意後見受任者		
		住　所　東京都葛飾区小菅 5 丁目 6 番 7 号		
		本　籍　　　　　　　　　　　　　　番地番 筆頭者の氏名		
		署　名（※押印は任意） 東京拘置所長 丙 野 太 郎 ㊞　　年　月　日生		
	事件簿番号			

死亡診断書（又は死体検案書）省略

◇死亡した者の戸籍

除　　　籍	（1の1）	全 部 事 項 証 明
本　　　籍	東京都中野区新井七丁目８５番地	
氏　　　名	乙村　春男	

戸籍事項 　戸籍編製 　戸籍消除	（省略） 【消除日】令和８年９月１７日
戸籍に記録されている者 　　除　　籍	【名】春男 【生年月日】昭和３７年４月８日 【父】乙村勝男 【母】乙村梅子 【続柄】二男
身分事項 　　出　　生	（省略）
分　　籍	（省略）
死　　亡	【死亡日】令和８年９月１３日 【死亡時分】午前７時５０分 【死亡地】東京都葛飾区 【届出日】令和８年９月１５日 【届出人】丙野太郎 【通知を受けた日】令和８年９月１７日 【受理者】東京都葛飾区長
	以下余白

発行番号

事例11　201

事例11	進行中の電車内で死亡した者について，遺体をその電車から降ろした地の市区町村長に親族から死亡の届出がされ，死亡した者の本籍地の市区町村長において処理する場合

死　亡　届

令和 8 年 11月18日 届出

静岡市葵区 長 殿

受理	令和 8 年 11月18日					
第　　876　　号						
書類調査	戸籍記載	記載調査	調査票	附　票	住民票	通　知

記入の注意

鉛筆や消えやすいインキで書かないでください。

(1)	（よみかた）	こう やま　　なつ こ	
(2)	氏　　　名	氏　甲 山　　名　夏 子	□男　☑女

| (3) | 生 年 月 日 | 昭和 16 年 8 月 5 日 （生まれてから30日以内に死亡したときは生まれた時刻も書いてください） | □午前　　時　　分
□午後 |

| (4) | 死亡したとき | 令和 8 年 11 月 18 日　☑午前　11 時 00 分
□午後 |

| (5) | 死亡したところ | 新幹線新富士駅から静岡駅間の電車　番地
番　　　　号 |

| (6) | 住　　　所
（住民登録をしているところ） | 東京都港区高輪8丁目9番10号
世帯主の氏名　甲 山 正 夫 |

死亡したことを知った日からかぞえて 7 日以内に出してください。

| (7) | 本　　　籍
（外国人のときは国籍だけを書いてください） | 東京都港区高輪8丁目　　　200　番地
番
筆頭者の氏名　甲 山 正 夫 |

→「筆頭者の氏名」には，戸籍のはじめに記載されている人の氏名を書いてください。

| (8)
(9) | 死亡した人の夫または妻 | ☑いる（満 85歳）　　□いない（□未婚　□死別　□離別） |

→内縁のものはふくまれません。

| (10) | 死亡したときの世帯のおもな仕事と | □1.農業だけまたは農業とその他の仕事を持っている世帯
□2.自由業・商工業・サービス業等を個人で経営している世帯
□3.企業・個人商店等（官公庁は除く）の常用勤労者世帯で勤め先の従業者数が1人から99人までの世帯（日々または1年未満の契約の雇用者は5）
□4.3にあてはまらない常用勤労者世帯及び会社団体の役員の世帯（日々または1年未満の契約の雇用者は5）
☑5.1から4にあてはまらないその他の仕事をしている者のいる世帯
□6.仕事をしている者のいない世帯 |

→□には，あてはまるものに☑のようにしるしをつけてください。

| (11) | 死亡した人の職業・産業 | （国勢調査の年…　　年…の4月1日から翌年3月31日までに死亡したときだけ書いてください）
職業　　　　　　　　　　　　産業 |

→死亡者について書いてください。

	その他	

届出人	1.同居の親族	☑1.同居の親族　□2.同居していない親族　□3.同居者　□4.家主　□5.地主 □6.家屋管理人　□7.土地管理人　□8.公設所の長　□9.後見人 □10.保佐人　□11.補助人　□12.任意後見人　□13.任意後見受任者
	住　所	東京都港区高輪8丁目9番10号
	本　籍	東京都港区高輪8丁目200　番地 番　筆頭者の氏名　甲山正夫
	署　名 （※押印は任意）	甲 山 正 夫 ㊞　昭和 16 年 3 月 10 日生

事 件 簿 番 号	

届け出られた事項は，人口動態調査（統計法に基づく基幹統計調査，厚生労働省所管），がん登録等の推進に関する法律に基づく全国がん登録（厚生労働省所管），高齢者の医療の確保に関する法律に基づくレセプト情報・特定健診等情報データベース（厚生労働省所管），感染症の予防及び感染症の患者に対する医療に関する法律に基づく所要の感染症対策（厚生労働省所管）にも用いられます。

死亡診断書（省略）

◇死亡した者の戸籍

(1の1) | 全部事項証明

本　　籍	東京都港区高輪八丁目２００番地
氏　　名	甲山　正夫
戸籍事項 　　戸籍改製	(省略)
戸籍に記録されている者	【名】正夫 【生年月日】昭和１６年３月１０日 【父】甲山正造 【母】甲山道枝 【続柄】長男
身分事項 　　出　　生	(省略)
婚　　姻	(省略)
配偶者の死亡	【配偶者の死亡日】令和８年１１月１８日
戸籍に記録されている者 除　　籍	【名】夏子 【生年月日】昭和１６年８月５日 【父】丙村泰一 【母】丙村栄子 【続柄】二女
身分事項 　　出　　生	(省略)
婚　　姻	(省略)
死　　亡	【死亡日】令和８年１１月１８日 【死亡時分】午前１１時 【死亡地】新幹線新富士駅から静岡駅間の電車 【届出日】令和８年１１月１８日 【届出人】親族　甲山正夫 【通知を受けた日】令和８年１１月２０日 【受理者】静岡市葵区長
	以下余白

発行番号

事例12　203

第2　死亡報告

事例12 水難により死亡した者について，その取調べをした官公署から死亡地の市区町村長に死亡の報告があった場合

死　亡　報　告

令和 8 年12月 4 日　届出

南房総市 長 殿

受理	令和 8 年 12 月 4 日					
第　　789　　号						
書類調査	戸籍記載	記載調査	調査票	附　票	住民票	通　知

(1)	（よみかた）	へい　かわ　　　　　ゆき　お	**記入の注意**
(2)	氏　　　名	氏　　　　　　　名 丙　川　　　幸　雄　　　☑男　□女	鉛筆や消えやすいインキで書かないでください。
(3)	生 年 月 日	昭和 61 年 9 月 6 日 （生まれてから30日以内に死亡したときは生まれた時刻も書いてください）　□午前　　時　　分 □午後	死亡したことを知った日からかぞえて 7 日以内に出してください。
(4)	死亡したとき	令和 8 年 12 月 3 日推定 □午前　3 時 00 分 ☑午後	
(5)	死亡したところ	千葉県南房総市和田町沖　　番地　　番　　号	
(6)	住　　　所 （住民登録をしているところ）	千葉市中央区中央9丁目　10 番地 11 号 世帯主の氏名　丙　川　幸　雄	
(7)	本　　　籍 （外国人のときは国籍だけを書いてください）	千葉市中央区中央9丁目　55 番地 番 筆頭者の氏名　丙　川　幸　雄	「筆頭者の氏名」には，戸籍のはじめに記載されている人の氏名を書いてください。
(8)(9)	死亡した人の夫または妻	□いる（満　歳）　☑いない（☑未婚　□死別　□離別）	内縁のものはふくまれません。
(10)	死亡したときの世帯のおもな仕事と	□1.農業だけまたは農業とその他の仕事を持っている世帯 □2.自由業・商工業・サービス業等を個人で経営している世帯 □3.企業・個人商店等（官公庁は除く）の常用勤労者世帯で勤め先の従業者数が 1 人から99人までの世帯（日々または 1 年未満の契約の雇用者は 5 ） ☑4.3にあてはまらない常用勤労者世帯及び会社団体の役員の世帯（日々または 1 年未満の契約の雇用者は 5 ） □5.1から4にあてはまらないその他の仕事をしている者のいる世帯 □6.仕事をしている者のいない世帯	□には，あてはまるものに☑のようにしるしをつけてください。
(11)	死亡した人の職業・産業	（国勢調査の年…　　年…の 4 月 1 日から翌年 3 月31日までに死亡したときだけ書いてください） 職業　　　　　　　　　　　産業	死亡者について書いてください。
	そ　の　他		届け出られた事項は，人口動態調査（統計法に基づく基幹統計調査，厚生労働省所管），がん登録等の推進に関する法律に基づく全国がん登録（厚生労働省所管），高齢者の医療の確保に関する法律に基づくレセプト情報・特定健診等情報データベース（厚生労働省所管），感染症の予防及び感染症の患者に対する医療に関する法律に基づく所要の感染症対策（厚生労働省所管）にも用いられます。
届出人		□1.同居の親族　□2.同居していない親族　□3.同居者　□4.家主　□5.地主 □6.家屋管理人　□7.土地管理人　□8.公設所の長　□9.後見人 □10.保佐人　□11.補助人　□12.任意後見人	
	住　所	千葉県館山市北条　　100 番地 番　号	
	本　籍	番地 番　筆頭者の氏名	
	署　名 館山警察署長　警視 甲　野　一　郎　　㊞　　　年　　月　　日生		
	事件簿番号		

死亡診断書（又は死体検案書）省略

◇死亡した者の戸籍

除　　籍	（1の1）　　　全 部 事 項 証 明
本　　籍	千葉市中央区中央九丁目５５番地
氏　　名	丙川　幸雄

戸籍事項 　　戸籍編製 　　戸籍消除	（省略） 【消除日】令和８年１２月６日
戸籍に記録されている者 　　除　　籍	【名】幸雄 【生年月日】昭和６１年９月６日 【父】丙川正治 【母】丙川松子 【続柄】二男
身分事項 　　出　　生	（省略）
分　　籍	（省略）
死　　亡	【死亡日】令和８年１２月３日 【死亡時分】推定午後３時 【死亡地】千葉県南房総市和田町沖 【報告日】令和８年１２月４日 【報告者】館山警察署長 【通知を受けた日】令和８年１２月６日 【受理者】千葉県南房総市長
	以下余白

発行番号

事例13　205

事例13	刑事施設に収容中に死亡した者について，その者の引取人がないため，刑事施設の長から刑事施設の所在地の市区町村長に死亡の報告があった場合

死 亡 報 告

令和 8 年 11 月 7 日　届出

東京都葛飾区 長 殿

受理	令和 8 年 11 月 7 日				
第	956	号			
書類調査	戸籍記載	記載調査	調査票	附　票	住民票	通　知

				記入の注意
(1)	（ よ み か た ）	おつ　やま　　　あき　お		鉛筆や消えやすいインキで書かないでください。
(2)	氏　　名	氏 乙 山　　名 秋 夫　　☑男 □女		
(3)	生 年 月 日	昭和 41 年 10 月 8 日 [生まれてから30日以内に死亡したときは生まれた時刻も書いてください] □午前 □午後 　時　分		死亡したことを知った日からかぞえて7日以内に出してください。
(4)	死亡したとき	令和 8 年 11 月 5 日 □午前 ☑午後 8 時 30 分		
(5)	死亡したところ	東京都葛飾区小菅5丁目 6 番地番 7 号		
(6)	住　　所 （住民登録をしているところ）	東京都新宿区北新宿7丁目 8 番地番 9 号		
		世帯主の氏名 乙 山 秋 夫		
(7)	本　　籍 （外国人のときは国籍だけを書いてください）	東京都千代田区平河町10丁目 150 番地番		「筆頭者の氏名」には，戸籍のはじめに記載されている人の氏名を書いてください。
		筆頭者の氏名 乙 山 秋 夫		
(8)(9)	死亡した人の夫または妻	□いる （満　歳）　☑いない （☑未婚 □死別 □離別）		内縁のものはふくまれません。
(10)	死亡したときの世帯のおもな仕事と	□1.農業だけまたは農業とその他の仕事を持っている世帯 □2.自由業・商工業・サービス業等を個人で経営している世帯 □3.企業・個人商店等（官公庁は除く）の常用勤労者世帯で勤め先の従業者数が1人から99人までの世帯（日々または1年未満の契約の雇用者は5） □4.3にあてはまらない常用勤労者世帯及び会社団体の役員の世帯（日々または1年未満の契約の雇用者は5） ☑5.1から4にあてはまらないその他の仕事をしている者のいる世帯 □6.仕事をしている者のいない世帯		□には，あてはまるものに☑のようにしるしをつけてください。
(11)	死亡した人の職業・産業	（国勢調査の年…　年…の4月1日から翌年3月31日までに死亡したときだけ書いてください） 職業　　　　　　　　　　産業		死亡者について書いてください。
	その他			届け出られた事項は，人口動態調査（統計法に基づく基幹統計調査，厚生労働省所管），がん登録等の推進に関する法律に基づく全国がん登録（厚生労働省所管），高齢者の医療の確保に関する法律に基づくレセプト情報・特定健診等情報データベース（厚生労働省所管），感染症の予防及び感染症の患者に対する医療に関する法律に基づく所要の感染症対策（厚生労働省所管）にも用いられます。
	届出人	□1.同居の親族　□2.同居していない親族　□3.同居者　□4.家主　□5.地主 □6.家屋管理人　□7.土地管理人　☑8.公設所の長　□9.後見人 □10.保佐人　□11.補助人　□12.任意後見人		
		住所 東京都葛飾区小菅5丁目 6 番地番 7 号		
		本　籍　　　　　　　　　　　　番地番　筆頭者の氏名		
		署名 東京拘置所長 丙 野 太 郎　㊞　　年　月　日生		
	事件簿番号			

死亡診断書（又は死体検案書）省略

◇死亡した者の戸籍

除　　籍	（1の1）　全部事項証明
本　　籍	東京都千代田区平河町十丁目１５０番地
氏　　名	乙山　秋夫

戸籍事項 　　戸籍編製 　　戸籍消除	（省略） 【消除日】令和８年１１月９日
戸籍に記録されている者 　　除　　籍	【名】秋夫 【生年月日】昭和４１年１０月８日 【父】乙山春男 【母】乙山竹子 【続柄】三男
身分事項 　　出　　生	（省略）
分　　籍	（省略）
死　　亡	【死亡日】令和８年１１月５日 【死亡時分】午後８時３０分 【死亡地】東京都葛飾区 【報告日】令和８年１１月７日 【報告者】丙野太郎 【通知を受けた日】令和８年１１月９日 【受理者】東京都葛飾区長
	以下余白

発行番号

第3　身元不明者の死亡

事例14　死亡した者の本籍が明らかでない又は死亡した者を認識することができないとして，警察官から検視調書として本籍等不明死体調査書を添付して死亡地の市区町村長に死亡報告がされていたところ，その後その者の氏名及び本籍が明らかになったため，警察官から死亡者の本籍等判明報告があった場合

受理　令和8年9月3日						
第　　　946　　　号						
書類調査	戸籍記載	記載調査	附　票	住民票	通　知	

死　亡　報　告　書

令和8年　9月3日

横浜市中区長　殿

加　賀　町　警察署
官　職　氏　　　　名　　㊞

　死亡者の本籍が明らかでない（死亡者を認識することができない）死体を取り扱ったので，戸籍法第92条第1項の規定により，本籍等不明死体調査書を添えて報告します。

注意　必要でない事項は，消すこと。　　　　　　　　　本籍等不明死体調査書（省略）

※　平成25. 3. 25民一305号通達及び同通達（別添）「死体取扱規則」（国家公安委員会規則4号）別記様式3号・5号参照のこと。

受理 令和8年9月28日					
第　987　号					
書類調査	戸籍記載	記載調査	附　票	住民票	通　知

死亡者の本籍等判明報告書

令和8年9月27日

横浜市中区長　殿

加 賀 町 警察署
官 職 氏　　　名　㊞

　死亡者の本籍が明らかでない（死亡者を認識することができない）ため，貴職に報告した死体については，次のとおり判明したので，戸籍法第92条第2項の規定により報告します。

当該死亡報告に係る死体	死 亡 報 告 年 月 日	令和8年9月3日
	その他死体を特定すべき事項	死亡の日時 令和8年9月3日　推定午前6時 死亡の場所 　横浜市中区山下町7丁目8番9号
判明した事項	本 籍 （ 国 籍 ）	東京都千代田区平河町9丁目10番地
	筆 頭 者 の 氏 名 住　　　　　居	甲 野 夏 夫 東京都大田区池上8丁目9番10号
	氏　　　　　名 生 年 月 日 性　　　　　別	甲 野 夏 夫 昭和33年8月12日 男
備　　　　　考		

注意　必要でない事項は，消すこと。

◇死亡した者の戸籍

除　　籍	（1の1）　全 部 事 項 証 明
本　　籍	東京都千代田区平河町九丁目１０番地
氏　　名	甲野　夏夫

戸籍事項 　戸籍編製 　戸籍消除	（省略） 【消除日】令和８年９月２９日
戸籍に記録されている者 　　除　　籍	【名】夏夫 【生年月日】昭和３３年８月１２日 【父】甲野義太郎 【母】甲野梅子 【続柄】二男
身分事項 　　出　　生	（省略）
分　　籍	（省略）
死　　亡	【死亡日】令和８年９月３日 【死亡時分】推定午前６時 【死亡地】横浜市中区 【報告日】令和８年９月３日 【報告者】加賀町警察署長 【通知を受けた日】令和８年９月２９日 【受理者】横浜市中区長
	以下余白

発行番号

210　第3　身元不明者の死亡

事例15
死亡した者の本籍が明らかでない又は死亡した者を認識することができないとして，警察官から検視調書として本籍等不明死体調査書を添付して死亡地の市区町村長に死亡報告がされていたところ，その者の氏名及び本籍が明らかになったため，警察官から死亡者の本籍等判明報告書が提出される前に，届出人から死亡の届出がされた場合

死　亡　届

令和 8 年 9 月23日　届出

横浜市中区 長殿

受理	令和 8 年 9 月23日					
第	1036	号				
書類調査	戸籍記載	記載調査	調査票	附　票	住民票	通　知

(1)	（よみかた）	こう の 氏	なつ お 名	
(2)	氏　　　名	甲　野	夏　夫	☑男　□女

記入の注意

鉛筆や消えやすいインキで書かないでください。

(3) 生 年 月 日　昭和 33 年 8 月12日（生まれてから30日以内に死亡したときは生まれた時刻も書いてください）□午前　　時　　分　□午後

死亡したことを知った日からかぞえて 7 日以内に出してください。

(4) 死亡したとき　令和 8 年 9 月 3 日推定☑午前　6 時 00分　□午後

(5) 死亡したところ　横浜市中区山下町 7 丁目　8 番地番 9 号

(6) 住　　　所（住民登録をしているところ）東京都大田区池上 8 丁目 9 番10号
世帯主の氏名　甲　野　夏　夫

(7) 本　　　籍（外国人のときは国籍だけを書いてください）東京都千代田区平河町 9 丁目 10 番地番
筆頭者の氏名　甲　野　夏　夫

→「筆頭者の氏名」には，戸籍のはじめに記載されている人の氏名を書いてください。

(8)(9) 死亡した人の夫または妻　□いる（満　歳）　☑いない（☑未婚　□死別　□離別）

→内縁のものはふくまれません。

(10) 死亡したときの世帯のおもな仕事と
□1. 農業だけまたは農業とその他の仕事を持っている世帯
□2. 自由業・商工業・サービス業等を個人で経営している世帯
□3. 企業・個人商店等（官公庁は除く）の常用勤労者世帯で勤め先の従業者数が 1 人から99人までの世帯（日々または 1 年未満の契約の雇用者 5 ）
□4. 3 にあてはまらない常用勤労者世帯及び会社団体の役員の世帯（日々または 1 年未満の契約の雇用者 5 ）
☑5. 1 から 4 にあてはまらないその他の仕事をしている者のいる世帯
□6. 仕事をしている者のいない世帯

□には，あてはまるものに☑のようにしるしをつけてください。

(11) 死亡した人の職業・産業（国勢調査の年…　年…の 4 月 1 日から翌年 3 月31日までに死亡したときだけ書いてください）職業　　　　　　産業

→死亡者について書いてください。

その他
令和 8 年 9 月 3 日第946号受理の死亡報告事件の死亡届です。

届出人
□1. 同居の親族　☑2. 同居していない親族　□3. 同居者　□4. 家主　□5. 地主
□6. 家屋管理人　□7. 土地管理人　□8. 公設所の長　□9. 後見人
□10. 保佐人　□11. 補助人　□12. 任意後見人　□13. 任意後見受任者

住　所　東京都新宿区西新宿 6 丁目 7 番 8 号
本　籍　千葉市中央区本町 5 丁目30 番地番　筆頭者の氏名　丙山正作
署　名（※押印は任意）　丙　山　正　作 ㊞　昭和42 年 1 月 25日生

事 件 簿 番 号

届け出られた事項は，人口動態調査（統計法に基づく基幹統計調査，厚生労働省所管），がん登録等の推進に関する法律に基づく全国がん登録（厚生労働省所管），高齢者の医療の確保に関する法律に基づくレセプト情報・特定健診等情報データベース（厚生労働省所管），感染症の予防及び感染症の患者に対する医療に関する法律に基づく所要の感染症対策（厚生労働省所管）にも用いられます。

死亡診断書（又は死体検案書）省略

◇死亡した者の戸籍

除　　　籍		（1の1）	全 部 事 項 証 明
本　　　籍	東京都千代田区平河町九丁目１０番地		
氏　　　名	甲野　夏夫		

戸籍事項 　　戸籍編製 　　戸籍消除	（省略） 【消除日】令和８年９月２５日
戸籍に記録されている者 　　除　　　籍	【名】夏夫 【生年月日】昭和３３年８月１２日 【父】甲野義太郎 【母】甲野梅子 【続柄】二男
身分事項 　　出　　生	（省略）
分　　籍	（省略）
死　　亡	【死亡日】令和８年９月３日 【死亡時分】推定午前６時 【死亡地】横浜市中区 【届出日】令和８年９月２３日 【届出人】親族　丙山正作 【通知を受けた日】令和８年９月２５日 【受理者】横浜市中区長
	以下余白

発行番号

212　第4　在外日本人の死亡

第4　在外日本人の死亡

事例16　外国に在住する日本人夫婦の夫が同国で死亡し，同居の親族である妻が所在地の日本の領事に死亡の届出をし，その届書類が同領事から外務大臣を経由して死亡した者の本籍地の市区町村長に送付された場合

死　亡　届	受理　令和 8 年 4 月 6 日 第　　123　　号		**公館印**
令和 8 年 4 月 6 日 届出	送付　令和 8 年 5 月 20日 第　　567　　号		

在サンパウロ
日本国総領事　長殿

書類調査	戸籍記載	記載調査	調査票	附　票	住民票	通　知

記入の注意

(1)（よみかた）　　こう　の　　　た　ろう

(2) 氏　　名　　氏 甲　野　　名 太　郎　　☑男　□女

鉛筆や消えやすいインキで書かないでください。

(3) 生 年 月 日　昭和 16 年 3 月 2 日（生まれてから30日以内に死亡したときは生まれた時刻も書いてください）□午前 □午後　　時　　分

死亡したことを知った日からかぞえて 7 日以内に出してください。

(4) 死亡したとき　令和 8 年 4 月 3 日　□午前 ☑午後　2 時 30 分

(5) 死亡したところ　ブラジル国サンパウロ州サンパウロ市1番街2 番地 番　　号

(6) 住　　所（住民登録をしているところ）　ブラジル国サンパウロ州サンパウロ市1番街2 番地 番　　号　世帯主の氏名

(7) 本　　籍（外国人のときは国籍だけを書いてください）　東京都港区西新橋9丁目 10 番地 番　筆頭者の氏名 甲 野 太 郎

►「筆頭者の氏名」には，戸籍のはじめに記載されている人の氏名を書いてください。

(8)(9) 死亡した人の夫または妻　☑いる（満 84 歳）　□いない（□未婚 □死別 □離別）

►内縁のものはふくまれません。

(10) 死亡したときの世帯のおもな仕事と
□1.農業だけまたは農業とその他の仕事を持っている世帯
□2.自由業・商工業・サービス業等を個人で経営している世帯
□3.企業・個人商店等（官公庁は除く）の常用勤労者世帯で勤め先の従業者数が 1 人から99人までの世帯（日々または 1 年未満の契約の雇用者は5）
□4.3にあてはまらない常用勤労者世帯及び会社団体の役員の世帯（日々または 1 年未満の契約の雇用者は5）
☑5.1から4にあてはまらないその他の仕事をしている者のいる世帯
□6.仕事をしている者のいない世帯

►□には，あてはまるものに☑のようにしるしをつけてください。

(11) 死亡した人の職業・産業（国勢調査の年…　年…の 4 月 1 日から翌年 3 月31日までに死亡したときだけ書いてください）　職業　　　　　産業

►死亡者について書いてください。

その他

届出人

☑1.同居の親族 □2.同居していない親族 □3.同居者 □4.家主 □5.地主
□6.家屋管理人 □7.土地管理人 □8.公設所の長 □9.後見人
□10.保佐人 □11.補助人 □12.任意後見人

住　所　ブラジル国サンパウロ州サンパウロ市1番街2 番地 番　　号

本　籍　東京都港区西新橋9丁目10 番地 番　筆頭者の氏名 甲野太郎

署　名　甲　野　桜　子　㊞ 昭和 16 年 4 月 10 日生

事件簿番号　　　　　　

届け出られた事項は，人口動態調査（統計法に基づく基幹統計調査，厚生労働省所管），がん登録等の推進に関する法律に基づく全国がん登録（厚生労働省所管），高齢者の医療の確保に関する法律に基づくレセプト情報・特定健診等情報データベース（厚生労働省所管），感染症の予防及び感染症の患者に対する医療に関する法律に基づく所要の感染症対策（厚生労働省所管）にも用いられます。

死亡証明書及び訳文（省略）

◇死亡した者の戸籍

	（1の1）　全部事項証明
本　　籍	東京都港区西新橋九丁目１０番地
氏　　名	甲野　太郎
戸籍事項 　　戸籍改製	（省略）
戸籍に記録されている者 除　　籍	【名】太郎 【生年月日】昭和１６年３月２日 【父】甲野幸作 【母】甲野道代 【続柄】三男
身分事項 　　出　　生	（省略）
婚　　姻	（省略）
死　　亡	【死亡日】令和８年４月３日 【死亡時分】午後２時３０分 【死亡地】ブラジル国サンパウロ州サンパウロ市 【届出日】令和８年４月６日 【届出人】親族　甲野桜子 【送付を受けた日】令和８年５月２０日 【受理者】在サンパウロ総領事
戸籍に記録されている者	【名】桜子 【生年月日】昭和１６年４月１０日 【父】乙野孝治 【母】乙野梅子 【続柄】二女
身分事項 　　出　　生	（省略）
婚　　姻	（省略）
配偶者の死亡	【配偶者の死亡日】令和８年４月３日
	以下余白

発行番号

〔注〕　在外公館から送付された届書等については，「送付を受けた日」として記載します。

214	第4　在外日本人の死亡

事例17	外国に在住する日本人が同国で死亡し，その死亡証明書を添付して，日本在住の親族から死亡の届出が，死亡した者の本籍地の市区町村長にされた場合

死　亡　届

令和 8 年 5 月16日 届出

東京都港区 長殿

受理	令和 8 年 5 月16日					
第	876	号				
書類調査	戸籍記載	記載調査	調査票	附　票	住民票	通　知

記入の注意

鉛筆や消えやすいインキで書かないでください。

(1)	（よみかた）		へい　かわ		さぶ　ろう			
(2)	氏　　　名	氏 丙 川		名 三 郎			☑男 □女	

死亡したことを知った日からかぞえて 7 日以内に出してください。

(3)	生 年 月 日	平成 4 年 5 月14日	生まれてから30日以内に死亡したときは生まれた時刻も書いてください	□午前 □午後	時 分

(4)	死亡したとき	令和 8 年 5 月 7 日	□午前 ☑午後	9 時 10 分

(5)	死亡したところ	フランス国パリ市オッシュ通100	番地 番　　　号

(6)	住　　　所 (住民登録をしているところ)	フランス国パリ市7区アンヴァリッド通700番地
		世帯主 の氏名

(7)	本　　　籍 (外国人のときは国籍だけを書いてください)	東京都港区西新橋8丁目　　200	番地 番
		筆頭者 の氏名　丙　川　義太郎	

→「筆頭者の氏名」には，戸籍のはじめに記載されている人の氏名を書いてください。

(8) (9)	死亡した人の 夫または妻	□いる（満　　歳）　☑いない（☑未婚 □死別 □離別）

→内縁のものはふくまれません。

(10)	死亡したときの 世帯のおもな 仕事と	□1.農業だけまたは農業とその他の仕事を持っている世帯 □2.自由業・商工業・サービス業等を個人で経営している世帯 □3.企業・個人商店等（官公庁は除く）の常用勤労者世帯で勤め先の従業者数が1人から99人までの世帯（日々または1年未満の契約の雇用者は5） □4.3にあてはまらない常用勤労者世帯及び会社団体の役員の世帯（日々または1年未満の契約の雇用者は5） ☑5.1から4にあてはまらないその他の仕事をしている者のいる世帯 □6.仕事をしている者のいない世帯

□には，あてはまるものに☑のようにしるしをつけてください。

(11)	死亡した人の 職業・産業	（国勢調査の年…　　年…の4月1日から翌年3月31日までに死亡したときだけ書いてください） 職業　　　　　　　　　　　　　産業

→死亡者について書いてください。

その他	添付書類 死亡証明書及び訳文	

届け出られた事項は，人口動態調査（統計法に基づく基幹統計調査，厚生労働省所管），がん登録等の推進に関する法律に基づく全国がん登録（厚生労働省所管），高齢者の医療の確保に関する法律に基づくレセプト情報・特定健診等情報データベース（厚生労働省所管），感染症の予防及び感染症の患者に対する医療に関する法律に基づく所要の感染症対策（厚生労働省所管）にも用いられます。

届出人	□1.同居の親族　☑2.同居していない親族　□3.同居者　□4.家主　□5.地主 □6.家屋管理人　□7.土地管理人　　□8.公設所の長　□9.後見人 □10.保佐人　□11.補助人　　　　□12.任意後見人　□13.任意後見受任者
	住　所　東京都港区西新橋8丁目9番10号
	本　籍　東京都港区西新橋8丁目200 番地 番　筆頭者 の氏名 丙川義太郎
	署　名 (※押印は任意)　丙　川　義太郎　㊞　昭和38 年 6 月 1 日生

事件簿番号	

死亡証明書及び訳文（省略）

◇死亡した者の戸籍

	（2の1）　全部事項証明

本　　籍	東京都港区西新橋八丁目２００番地
氏　　名	丙川　義太郎

戸籍事項 　　戸籍改製	（省略）

戸籍に記録されている者	【名】義太郎 【生年月日】昭和３８年６月１日　　　【配偶者区分】夫 【父】丙川幸治 【母】丙川正子 【続柄】長男
身分事項 　　出　　生	（省略）
婚　　姻	（省略）

戸籍に記録されている者	【名】梅子 【生年月日】昭和３９年３月２日　　　【配偶者区分】妻 【父】乙川隆一 【母】乙川竹子 【続柄】長女
身分事項 　　出　　生	（省略）
婚　　姻	（省略）

戸籍に記録されている者	【名】三郎 【生年月日】平成４年５月１４日 【父】丙川義太郎 【母】丙川梅子 【続柄】三男
［除　　籍］	
身分事項 　　出　　生	（省略）

発行番号　　　　　　　　　　　　　　　　　　　　　　　　　　　以下次頁

	（2の2）	全 部 事 項 証 明

死　　亡	【死亡日】令和8年5月7日 【死亡時分】午後9時10分 【死亡地】フランス国パリ市 【届出日】令和8年5月16日 【届出人】親族　丙川義太郎

以下余白

発行番号

事例18　217

事例18	外国に在住する日本人男と外国人女夫婦の夫が同国で死亡し，同居の親族である妻が所在地の日本の領事に死亡の届出をし，その届書類が同領事から外務大臣を経由して死亡した者の本籍地の市区町村長に送付された場合

死亡届

令和 8 年 5 月 7 日 届出

在ニューヨーク
日本国総領事　殿

受 理	令和 8 年 5 月 7 日
第	246 号
送 付	令和 8 年 6 月 25日
第	678 号

（公館印）

	書類調査	戸籍記載	記載調査	調査票	附 票	住民票	通 知

記入の注意

(1)（よみかた）　おつ　むら　いち　ろう

(2) 氏 名　氏 乙 村　名 一 郎　☑男 □女

鉛筆や消えやすいインキで書かないでください。

(3) 生年月日　昭和 27 年 6 月 8 日（生まれてから30日以内に死亡したときは生まれた時刻も書いてください）□午前 □午後 　時 　分

死亡したことを知った日からかぞえて7日以内に出してください。

(4) 死亡したとき　令和 8 年 5 月 2 日　□午前 ☑午後 3 時 50分

(5) 死亡したところ　アメリカ合衆国ニューヨーク州ニューヨーク市1番街2　番地 番 号

(6) 住 所（住民登録をしているところ）　アメリカ合衆国ニューヨーク州ニューヨーク市4番街5　番地 番 号
世帯主の氏名

(7) 本 籍（外国人のときは国籍だけを書いてください）　東京都千代田区平河町8丁目 9　番地 番
筆頭者の氏名　乙 村 一 郎

►「筆頭者の氏名」には，戸籍のはじめに記載されている人の氏名を書いてください。

(8)(9) 死亡した人の夫または妻　☑いる（満 71歳）　□いない（□未婚 □死別 □離別）

►内縁のものはふくまれません。

(10) 死亡したときの世帯のおもな仕事と
　□1.農業だけまたは農業とその他の仕事を持っている世帯
　□2.自由業・商工業・サービス業等を個人で経営している世帯
　□3.企業・個人商店等（官公庁は除く）の常用勤労者世帯で勤め先の従業者数が1人から99人までの世帯（日々または1年未満の契約の雇用者は5）
　□4.3にあてはまらない常用勤労者世帯及び会社団体の役員の世帯（日々または1年未満の契約の雇用者は5）
　☑5.1から4にあてはまらないその他の仕事をしている者のいる世帯
　□6.仕事をしている者のいない世帯

□には，あてはまるものに☑のようにしるしをつけてください。

(11) 死亡した人の職業・産業（国勢調査の年…　　年の4月1日から翌年3月31日までに死亡したときだけ書いてください）　職業　　　産業

►死亡者について書いてください。

その他

届出人
　☑1.同居の親族 □2.同居していない親族 □3.同居者 □4.家主 □5.地主
　□6.家屋管理人 □7.土地管理人 □8.公設所の長 □9.後見人
　□10.保佐人 □11.補助人 □12.任意後見人

住所　アメリカ合衆国ニューヨーク州ニューヨーク市4番街5　番地 番 号
本籍　アメリカ合衆国　番地 番　筆頭者の氏名
署名　ベルナール、マリア（署名）　印　西暦1955年 3 月 7 日生

届けられた事項は、人口動態調査（統計法に基づく基幹統計調査、厚生労働省所管）、がん登録等の推進に関する法律に基づく全国がん登録（厚生労働省所管）、高齢者の医療の確保に関する法律に基づくレセプト情報・特定健診等情報データベース（厚生労働省所管）、感染症の予防及び感染症の患者に対する医療に関する法律に基づく所要の感染症対策（厚生労働省所管）にも用いられます。

事件簿番号　　　　　　　　　　　　　死亡証明書（省略）

※この届出は，届出人が外国在住の外国人配偶者であるため，職権記載の資料として管轄法務局の長の許可を得て取り扱うことも考えられるところ，当該届出に基づいて，直ちに戸籍の記載をして差し支えないとされています（昭和39.5.14～15徳島戸協決議・民事局変更指示参照）。

◇死亡した者の戸籍

除　　　籍	（1の1）　全部事項証明
本　　籍	東京都千代田区平河町八丁目９番地
氏　　名	乙村　一郎

戸籍事項 　　戸籍改製 　　戸籍消除	（省略） 【消除日】令和８年６月２５日
戸籍に記録されている者 除　　籍	【名】一郎 【生年月日】昭和２７年６月８日 【父】乙村良治 【母】乙村花子 【続柄】長男
身分事項 　　出　　生	（省略）
婚　　姻	（省略）
死　　亡	【死亡日】令和８年５月２日 【死亡時分】午後３時５０分 【死亡地】アメリカ合衆国ニューヨーク州ニューヨーク市 【届出日】令和８年５月７日 【届出人】親族　ベルナール，マリア 【送付を受けた日】令和８年６月２５日 【受理者】在ニューヨーク総領事
	以下余白

発行番号

〔注〕 在外公館から送付された届書等については，「送付を受けた日」として記載します。

事例19　219

| 事例19 | 外国に在住する日本人男と外国人女夫婦の妻が同国で死亡し，同居の親族である夫から本籍地の市区町村長に死亡届書類（婚姻解消記載申出書）が郵送された場合 |

死亡届

| 受付 | 受理　令和 8 年 9 月27日 |
| | 第　　345　　号 |

令和 8 年 9 月15日 届出

東京都千代田区 長 殿

| 書類調査 | 戸籍記載 | 記載調査 | 調査票 | 附　票 | 住民票 | 通　知 |
| | | | | | | |

記入の注意

鉛筆や消えやすいインキで書かないでください。

(1)	（よみかた）			
(2)	氏　　名	氏　コウカワ	名　ハナコ	□男　☑女
(3)	生 年 月 日	西暦1965年 4 月 9 日 （生まれてから30日以内に死亡したときは生まれた時刻も書いてください）		□午前　　　時　　分 □午後
(4)	死亡したとき	令和 8 年 9 月 4 日	□午前 ☑午後	4 時 20 分
(5)	死亡したところ	ブラジル国バラー州タバジョス市ジュルチー200		番地　番　　号
(6)	住　　所 （住民登録をしているところ）	ブラジル国バラー州タバジョス市ジュルチー95番地 世帯主の氏名		
(7)	本　　籍 （外国人のときは国籍だけを書いてください）	ブラジル国 筆頭者の氏名		番地　番
(8)(9)	死亡した人の夫または妻	☑いる（満 64 歳）　□いない（□未婚　□死別　□離別）		
(10)	死亡したときの世帯のおもな仕事と	□1.農業だけまたは農業とその他の仕事を持っている世帯 □2.自由業・商工業・サービス業等を個人で経営している世帯 □3.企業・個人商店等（官公庁は除く）の常用勤労者世帯で勤め先の従業者数が 1 人から99人までの世帯（日々または 1 年未満の契約の雇用者は 5 ） ☑4. 3 にあてはまらない常用勤労者世帯及び会社団体の役員の世帯（日々または 1 年未満の契約の雇用者は 5 ） □5. 1 から 4 にあてはまらないその他の仕事をしている人のいる世帯 □6.仕事をしている者のいない世帯		
(11)	死亡した人の職業・産業	（国勢調査の年…　　年…の 4 月 1 日から翌年 3 月31日までに死亡したときだけ書いてください） 職業　　　　　　　　　　　　産業		
	その他	夫につき，外国人妻の死亡による婚姻解消事項を記載してください。 夫の戸籍の表示　　東京都千代田区平河町7丁目20番地　甲川五郎		
	届出人	☑1.同居の親族　□2.同居していない親族　□3.同居者　□4.家主　□5.地主 □6.家屋管理人　□7.土地管理人　□8.公設所の長　□9.後見人 □10.保佐人　□11.補助人　□12.任意後見人　□13.任意後見受任者		
		住所　　ブラジル国バラー州タバジョス市ジュルチー95番地		
		本籍　　東京都千代田区平河町7丁目20　番地　番　筆頭者の氏名　甲川五郎		
		署名（※押印は任意）　甲 川 五 郎 ㊞　昭和37 年 5 月 11 日生		
	事件簿番号			

死亡したことを知った日からかぞえて 7 日以内に出してください。

「筆頭者の氏名」には，戸籍のはじめに記載されている人の氏名を書いてください。

内縁のものはふくまれません。

□には，あてはまるものに☑のようにしるしをつけてください。

死亡者について書いてください。

届け出られた事項は，人口動態調査（統計法に基づく基幹統計調査，厚生労働省所管），がん登録等の推進に関する法律に基づく全国がん登録（厚生労働省所管），高齢者の医療の確保に関する法律に基づくレセプト情報・特定健診等情報データベース（厚生労働省所管），感染症の予防及び感染症の患者に対する医療に関する法律に基づく所要の感染症対策（厚生労働省所管）にも用いられます。

死亡証明書（省略）

※この死亡届は，日本人夫の戸籍に配偶者死亡による婚姻解消事項の記載申出書として取り扱い，市区町村長限りの職権で配偶者の死亡による婚姻解消事項を記載することになります（『はじめての渉外戸籍』169頁参照）。

◇外国人配偶者の死亡した者の戸籍

(1の1) | 全部事項証明

本　　　籍	東京都千代田区平河町七丁目２０番地
氏　　　名	甲川　五郎

戸籍事項 　　戸籍改製	(省略)

戸籍に記録されている者	【名】五郎 【生年月日】昭和３７年５月１１日 【父】甲川竹治 【母】甲川松子 【続柄】五男

身分事項 　　出　　生	(省略)
婚　　姻	(省略)
配偶者の死亡	【配偶者の死亡日】令和８年９月４日 【記録日】令和８年９月２７日

以下余白

発行番号

〔注〕　婚姻解消事項は、申出に基づき市区町村長限りの職権で記載します（昭和29. 3. 11民事甲541号回答）。

事例20　221

第5　在日外国人の死亡

事例20　日本に在住する日本人女と外国人男夫婦の夫が日本で死亡し，同居の親族である妻が所在地の市区町村長に死亡の届出をし，妻につき婚姻解消事項を記載するため，妻の本籍地の市区町村長において処理する場合

死　亡　届

令和 8 年 6 月13日 届出

東京都中央区 長 殿

受理	令和 8 年 6 月13日					
第	684 号					
書類調査	戸籍記載	記載調査	調査票	附　票	住民票	通　知

記入の注意

鉛筆や消えやすいインキで書かないでください。

(1)(2)	（よみかた） 氏　　名	氏　ベルナール　　名　ジョン　　☑男　□女

死亡したことを知った日からかぞえて 7 日以内に出してください。

(3)	生 年 月 日	西暦1952年 7 月 9 日 （生まれてから30日以内に死亡したときは生まれた時刻も書いてください）□午前 □午後　　時　　分
(4)	死亡したとき	令和 8 年 6 月11日 □午前 ☑午後 6 時 20分
(5)	死亡したところ	東京都港区新橋8丁目 9 番地10号
(6)	住　　所 （住民登録をしているところ）	東京都中央区日本橋6丁目7番8号 世帯主の氏名　甲川花子
(7)	本　　籍 （外国人のときは国籍だけを書いてください）	アメリカ合衆国　　番地番 筆頭者の氏名

「筆頭者の氏名」には，戸籍のはじめに記載されている人の氏名を書いてください。

(8)(9)	死亡した人の夫または妻	☑いる（満71歳）　□いない（□未婚 □死別 □離別）

→ 内縁のものはふくまれません。

(10)	死亡したときの世帯のおもな仕事と	□1.農業だけまたは農業とその他の仕事を持っている世帯 □2.自由業・商工業・サービス業等を個人で経営している世帯 □3.企業・個人商店等（官公庁は除く）の常用勤労者世帯で勤め先の従業者数が1人から99人までの世帯（日々または1年未満の契約の雇用者は5） □4.3にあてはまらない常用勤労者世帯及び会社団体の役員の世帯（日々または1年未満の契約の雇用者は5） ☑5.1から4にあてはまらないその他の仕事をしている者のいる世帯 □6.仕事をしている者のいない世帯

□には，あてはまるものに☑のようにしるしをつけてください。

(11)	死亡した人の職業・産業	（国勢調査の年…　年…の4月1日から翌年3月31日までに死亡したときだけ書いてください） 職業　　　　　　　　　産業

→ 死亡者について書いてください。

その他	妻につき，婚姻解消事項を記載してください。 　妻の戸籍の表示　大阪市北区老松町7丁目123番地　甲川花子

届け出られた事項は，人口動態調査（統計法に基づく基幹統計調査，厚生労働省所管），がん登録等の推進に関する法律に基づく全国がん登録（厚生労働省所管），高齢者の医療の確保に関する法律に基づくレセプト情報・特定健診等情報データベース（厚生労働省所管），感染症の予防及び感染症の患者に対する医療に関する法律に基づく所要の感染症対策（厚生労働省所管）にも用いられます。

届出人	☑1.同居の親族　□2.同居していない親族　□3.同居者　□4.家主　□5.地主 □6.家屋管理人　□7.土地管理人　□8.公設所の長　□9.後見人 □10.保佐人　□11.補助人　□12.任意後見人　□13.任意後見受任者
	住　所　東京都中央区日本橋6丁目7番8号
	本　籍　大阪市北区老松町7丁目123番地　筆頭者の氏名　甲川花子
	署　名（※押印は任意）　甲川花子 ㊞　昭和30年 5 月 8 日生

事件簿番号	

死亡診断書（省略）

※　Q197を参照願います（妻の本籍地の市区町村長は，当該届出をその他の届出として処理します。）。

◇外国人配偶者の死亡した者の戸籍

（1の1） | 全 部 事 項 証 明

本　　　籍	大阪市北区老松町七丁目１２３番地
氏　　　名	甲川　花子

戸籍事項 　　戸籍改製	（省略）

戸籍に記録されている者	【名】花子 【生年月日】昭和３０年５月８日 【父】甲川義一 【母】甲川梅子 【続柄】二女

身分事項 　　出　　生	（省略）
婚　　姻	（省略）
配偶者の死亡	【配偶者の死亡日】令和８年６月１１日 【記録日】令和８年６月１５日

以下余白

発行番号

第6 高齢者の戸籍消除

事例21 100歳以上に達した高齢者で所在不明の者について，死亡していると認められる場合において，本籍地の市区町村長が管轄法務局の長の許可を得て戸籍から消除する場合

戸 籍 ~~訂正~~記載 許可申請		受付	令和 8 年 5 月15日		戸　　籍	
			第 1234 号		調査	

東 京 法務局長	戸発第 456 号 令和 8 年 5 月11日 申請	記載	
氏　　　　名 殿	東京都千代田区 長 氏　　　名 [職印]	記載調査	
		送付通知	

	(1) 事件本人	本　　籍	東京都千代田区平河町7丁目85番地		
		筆頭者氏名	甲 野 秋 男		
(2)		住　　所	不明（戸籍の附票に住所の記載がない。）		
(3)		氏　　名	甲 野 秋 男	住 民 票	
		生年月日	大正6年10月1日	記載	

(4)	訂 正・記 載 の 事 由	事件本人は108歳に達し，所在不明で生存の事実を認定する資料は全く無く，既に死亡しているものと認められるため，貴職の許可を得て死亡の記載をしたい。	通知	
			附　　票	
			記載	
			通知	

(5)	訂 正・記 載 の 趣 旨	事件本人について，死亡の記載をして除籍する。 記載例（参考記載例171） 高齢者消除【高齢者消除の許可日】令和8年5月13日 　　　　　　　【除籍日】令和8年5月15日

(6)	添 付 書 類	戸籍の謄本，戸籍の附票の写し

　上記申請を許可する。　　　　　　　　　　戸第　345　号

　　令和 8 年 5 月13日

　　　　　　　　　東 京 法務局長　氏　　　名 [職印]

(注)　1　本申請には，申請書副本1通を添付する。
　　　2　事件本人が二人以上であるときは，必要に応じ該当欄を区切り記載する。
　　　3　(4)欄には，訂正又は記載を要するに至った錯誤，遺漏又は過誤の事情を簡記する。
　　　4　(5)欄には，訂正又は記載の箇所及び方法を簡明に記載する。

〔参考文献〕　「改訂設題解説戸籍実務の処理Ⅶ」136頁以下
　　　　　　　「戸籍における高齢者消除の実務」14頁

◇高齢者消除された者の戸籍

除　　籍	（1の1）　全部事項証明
本　　籍	東京都千代田区平河町七丁目８５番地
氏　　名	甲野　秋男
戸籍事項 　　戸籍改製 　　戸籍消除	（省略） 【消除日】令和８年５月１５日
戸籍に記録されている者 　　　　除　　籍	【名】秋男 【生年月日】大正６年１０月１日 【父】甲野義蔵 【母】甲野ハナエ 【続柄】三男
身分事項 　　出　　生 　　高齢者消除	（省略） 【高齢者消除の許可日】令和８年５月１３日 【除籍日】令和８年５月１５日
	以下余白

発行番号

事例22　225

第7　その他

事例22　死亡診断書又は死体検案書に代わる死亡の事実を証すべき書面を添付した死亡の届出が，本籍地の市区町村長にされた場合に，管轄法務局の長の指示を得て死亡の記載をする場合

死　亡　届

令和 8 年 11 月 9 日　届出

東京都江東区 長 殿

受理	令和 8 年 11 月 9 日					
第	987	号				
書類調査	戸籍記載	記載調査	調査票	附　票	住民票	通　知

(1)	（よみかた）	氏 こうの　　　　名 よしたろう	**記入の注意**
(2)	氏　　　名	甲　野　　　義太郎　　☑男　□女	鉛筆や消えやすいインキで書かないでください。
(3)	生 年 月 日	昭和 30 年 6 月 4 日（生まれてから30日以内に死亡したときは生まれた時刻も書いてください）□午前 □午後　　時　　分	死亡したことを知った日からかぞえて 7 日以内に出してください。
(4)	死亡したとき	令和 8 年 11 月 2 日　☑午前 □午後　6 時 30 分	
(5)	死亡したところ	横浜市中区山下町9丁目3　番地 番 10号	
(6)	住　　　所（住民登録をしているところ）	東京都江東区大島5丁目6番7号　世帯主の氏名 甲野 義太郎	
(7)	本　　　籍（外国人のときは国籍だけを書いてください）	東京都江東区北砂8丁目 45　番地 番　筆頭者の氏名 甲野 義太郎	「筆頭者の氏名」には、戸籍のはじめに記載されている人の氏名を書いてください。
(8)(9)	死亡した人の夫 ま た は 妻	□いる（満　歳）☑いない □未婚 □死別 ☑離別	内縁のものはふくまれません。 □には、あてはまるものに☑のようにしるしをつけてください。
(10)	死亡したときの世帯のおもな仕事と	□1.農業だけまたは農業とその他の仕事を持っている世帯 □2.自由業・商工業・サービス業等を個人で経営している世帯 □3.企業・個人商店等（官公庁は除く）の常用勤労者世帯で勤め先の従業者数が1人から99人までの世帯（日々または1年未満の契約の雇用者は5） □4.3にあてはまらない常用勤労者世帯及び会社団体の役員の世帯（日々または1年未満の契約の雇用者は5） ☑5.1から4にあてはまらないその他の仕事をしている者のいる世帯 □6.仕事をしている者のいない世帯	□には、あてはまるものに☑のようにしるしをつけてください。 死亡者について書いてください。
(11)	死亡した人の職業・産業	（国勢調査の年…　年…の4月1日から翌年3月31日までに死亡したときだけ書いてください）職業　　　　　　　産業	
	その他	死亡診断書又は死体検案書は，別紙申述書に記載のとおり得られないので，死亡現認書を添付します。	届け出られた事項は、人口動態調査（統計法に基づく基幹統計調査、厚生労働省所管）、がん登録等の推進に関する法律に基づく全国がん登録（厚生労働省所管）、高齢者の医療の確保に関する法律に基づくレセプト情報・特定健診等情報データベース（厚生労働省所管）、感染症の予防及び感染症の患者に対する医療に関する法律に基づく所要の感染症対策（厚生労働省所管）にも用いられます。
	届出人	□1.同居の親族 □2.同居していない親族 □3.同居者 ☑4.家主 □5.地主 □6.家屋管理人 □7.土地管理人 □8.公設所の長 □9.後見人 □10.保佐人 □11.補助人 □12.任意後見人 □13.任意後見受任者 住所 東京都江東区大島5丁目10番9号 本籍 東京都江東区大島5丁目70　番地 番　筆頭者の氏名 丙村竹男 署名（※押印は任意）丙 村 竹 男 ㊞ 昭和 35 年 3 月 2 日生	
	事件簿番号		

死亡現認書及び申述書（省略）

死 亡 届 受 理 照 会

受付	令和 8 年 11 月 16 日	戸 籍
	戸収第　824　号	調査

東　京 法務局長	戸発第　789　号　令和 8 年 11 月 10 日　申請	記載

氏　　　　名殿　東京都江東区　長 氏　　　　名 職印

				記載調査
(1)	事件本人	本　籍	東京都江東区北砂8丁目45番地	送付通知
		筆頭者氏名	甲　野　義太郎	
(2)		住　所	東京都江東区大島5丁目6番7号	
(3)		氏　名	甲　野　義太郎	住 民 票
		生年月日	昭和30年6月4日	記載

(4)	受理照会をする理由	上記の事件本人の死亡の届出がされましたが，死亡診断書又は死体検案書の添付がなく，それに代わるものとして，死亡の事実を証すべき書面として，死亡現認書が添付されています。つきましては，この届出の受否について関係書類を添付して照会します。	通知
			附　票
			記載
			通知

(5)	添 付 書 類	死亡届書，申述書，死亡現認書，戸籍謄本

第　678　号

受理して差し支えない。

　令和 8 年 11 月 15 日

東　京 法務局長　　氏　　　　名 職印

(注)　1　本受理照会には、照会書副本1通を添付する。
　　　2　事件本人が二人以上であるときは、必要に応じ該当欄を区切り記載する。

◇死亡した者の戸籍

除　　籍	（1の1）	全部事項証明
本　　籍	東京都江東区北砂八丁目４５番地	
氏　　名	甲野　義太郎	

戸籍事項	
戸籍改製	（省略）
戸籍消除	【消除日】令和８年１１月１６日

戸籍に記録されている者	【名】義太郎
	【生年月日】昭和３０年６月４日 【父】甲野幸雄 【母】甲野松子
除　　籍	【続柄】二男

身分事項	
出　　生	（省略）
婚　　姻	（省略）
離　　婚	（省略）
死　　亡	【死亡日】令和８年１１月２日 【死亡時分】午前６時３０分 【死亡地】横浜市中区 【届出日】令和８年１１月９日 【届出人】家主　丙村竹男 【除籍日】令和８年１１月１６日

戸籍に記録されている者	【名】梅子
	【生年月日】昭和３５年３月２日 【父】乙野幸二 【母】乙野花子
除　　籍	【続柄】三女

身分事項	
出　　生	（省略）
婚　　姻	（省略）
離　　婚	（省略）

	以下余白

発行番号

228 | 第7 その他

事例23 生存している者について誤って死亡の記載をし，その戸籍の全員が除かれたため戸籍を消除したところ，その後において過誤が判明したため，本籍地の市区町村長が管轄法務局の長の許可を得て戸籍を訂正する場合

戸籍 ~~訂正~~／記載 許可申請

受付	令和 8 年 8 月 25 日	戸　籍	
第 1678 号		調査	

東　京 法務局長	戸発第 986 号 令和 8 年 8 月 18 日 申請	記載	
氏　　　　名 殿　東京都千代田区 長 氏　　　　名 職印		記載調査	
		送付通知	

(1)	事件本人	本　　籍	東京都千代田区平河町 2丁目3番地	東京都千代田区平河町 3丁目2番地
		筆頭者氏名	甲　野　太　郎	甲　野　義太郎
(2)		住　　所	東京都千代田区平河町 2丁目3番1号	東京都千代田区平河町 3丁目2番1号
(3)		氏　　名	甲　野　春　男	甲　野　春　雄
		生年月日	昭和 36 年 3 月 4 日	昭和 26 年 4 月 3 日

住民票	
記載	
通知	
附　票	
記載	
通知	

(4)	訂正・記載の事由	上記の事件本人甲野春男の死亡届により，誤って事件本人甲野春雄につき死亡による除籍の記載をし，甲野義太郎戸籍を全員除籍により消除したが，これは当職の過誤であるから職権訂正したい。
(5)	訂正・記載の趣旨	1　甲野太郎戸籍中，甲野春男の身分事項欄に死亡事項の記載をする。 2　甲野義太郎戸籍中，甲野春雄の身分事項欄に記載された死亡事項を消除する。 3　甲野義太郎戸籍を全員除籍により消除したのは過誤であるから，同戸籍を回復し，春雄の記載を回復する。
(6)	添付書類	戸籍・除籍の謄本（甲野太郎，甲野義太郎），死亡届書謄本

上記申請を許可する。　　　　　　　　　　　　　第　513　号

令和 8 年 8 月 22 日

東　京 法務局長　氏　　　　名　職印

(注)　1　本申請には，申請書副本1通を添付する。
　　　2　事件本人が二人以上であるときは，必要に応じ該当欄を区切り記載する。
　　　3　(4)欄には，訂正又は記載を要するに至った錯誤，遺漏又は過誤の事情を簡記する。
　　　4　(5)欄には，訂正又は記載の箇所及び方法を簡明に記載する。

〔参考文献〕「全訂戸籍訂正・追完の手引き」258頁以下

◇**死亡者の戸籍**

(1の1) | 全 部 事 項 証 明

本　　籍	東京都千代田区平河町二丁目3番地
氏　　名	甲野　太郎

戸籍事項 　戸籍改製	(省略)

戸籍に記録されている者 　除　　籍	【名】春男 【生年月日】昭和36年3月4日 【父】甲野太郎 【母】甲野正子 【続柄】長男
身分事項 　出　　生	(省略)
死　　亡	【死亡日】令和8年8月9日 【死亡時分】午後8時30分 【死亡地】東京都千代田区 【届出日】令和8年8月11日 【届出人】親族　甲野太郎
記　　録	【記録日】令和8年8月25日 【記録事由】記録遺漏 【許可日】令和8年8月22日
	以下余白

発行番号

◇消除された戸籍

除　　　籍	（2の1）　全部事項証明
本　　　籍	東京都千代田区平河町三丁目2番地
氏　　　名	甲野　義太郎

戸籍事項 　戸籍改製 　消　　除	（省略） 【消除日】令和8年8月25日 【消除事項】戸籍消除事項 【消除事由】戸籍消除の記録誤記 【従前の記録】 　　【消除日】令和8年8月11日
戸籍に記録されている者 　　除　　籍	【名】義太郎 【生年月日】昭和2年6月1日 【父】甲野幸治 【母】甲野松子 【続柄】長男
戸籍に記録されている者 　　除　　籍	【名】梅子 【生年月日】昭和3年3月2日 【父】乙川隆一 【母】乙川竹子 【続柄】長女
戸籍に記録されている者 　　除　　籍	【名】春雄 【生年月日】昭和26年4月3日 【父】甲野義太郎 【母】甲野梅子 【続柄】二男
身分事項 　出　　生 　消　　除	（省略） 【消除日】令和8年8月25日 【消除事項】死亡事項 【消除事由】死亡の記録誤記 【許可日】令和8年8月22日 【従前の記録】 　　【死亡日】令和8年8月9日 　　【死亡時分】午後8時30分 　　【死亡地】東京都千代田区 　　【届出日】令和8年8月11日 　　【届出人】親族　甲野太郎
	以下余白

発行番号

◇回復後の戸籍

(2の1) | 全 部 事 項 証 明

本　　　籍	東京都千代田区平河町三丁目2番地
氏　　　名	甲野　義太郎

戸籍事項 戸籍改製 戸籍回復	(省略) 【回復日】令和8年8月25日 【回復事由】戸籍消除の記録誤記 【許可日】令和8年8月22日

戸籍に記録されている者 除　　籍	【名】義太郎 【生年月日】昭和2年6月1日 【父】甲野幸治 【母】甲野松子 【続柄】長男

戸籍に記録されている者 除　　籍	【名】梅子 【生年月日】昭和3年3月2日 【父】乙川隆一 【母】乙川竹子 【続柄】長女

戸籍に記録されている者	【名】春雄 【生年月日】昭和26年4月3日 【父】甲野義太郎 【母】甲野梅子 【続柄】二男
身分事項 出　　生	(省略)
	以下余白

発行番号

232 | 第7 その他

> **事例24** 海難によって行方不明となった者について，戸籍法第89条の規定に基づき死亡の報告により戸籍の記載がされていたところ，その者について失踪宣告の審判が確定し，その届出が事件本人の本籍地の市区町村長にされたが，死亡とみなされる日が死亡報告による記載と異なる場合

失　踪　届

令和 8 年12月 9 日 届出

東京都港区 長 殿

受理	令和 8 年12月 9 日			
第	987 号			
書類調査	戸籍記載	記載調査	附 票	住民票	通 知

（よみかた）	～い　やま　　　　　し　ろう		
失踪した人の 氏　　　名	氏 丙　山	名 四　郎	昭和59 年 4 月 5 日生

最 後 の 住 所	東京都港区港南8丁目9番10号
	世帯主 の氏名 　丙　山　孝　吉

本　　　　　籍	東京都港区港南8丁目　　　　　105 番地 番
	筆頭者 の氏名 　丙　山　孝　吉

死亡とみなされ る 年 月 日	令和 8 年 9 月 14 日
審 判 確 定 の 年 　　　 月 日	令和 8 年 12 月 3 日

そ の 他	添付書類 　失踪宣告の審判書謄本及び確定証明書

届 出 人	□夫　　□妻　　☑父　　□母　　□その他（　　　　　　　　　）	
	住 所	東京都港区港南8丁目9番10号
	本 籍	東京都港区港南8丁目105 番地 番 筆頭者 の氏名 丙山孝吉
	署 名 （※押印は任意）	丙　山　孝　吉 ㊞ 昭和23 年 5 月 6 日生

〔**参考文献**〕 「改訂設題解説戸籍実務の処理Ⅶ」119頁以下

◇失踪者の戸籍

	(1の1)	全 部 事 項 証 明

本　　　籍	東京都港区港南八丁目１０５番地
氏　　　名	丙山　孝吉

戸籍事項 　　戸籍改製	(省略)

戸籍に記録されている者 　除　籍	【名】四郎 【生年月日】昭和５９年４月５日 【父】丙山孝吉 【母】丙山春子 【続柄】四男
身分事項 　　出　　生	(省略)
失踪宣告	【死亡とみなされる日】令和８年９月１４日 【失踪宣告の裁判確定日】令和８年１２月３日 【届出日】令和８年１２月９日 【届出人】父
消　　除	【消除日】令和８年１２月９日 【消除事項】死亡事項 【消除事由】失踪宣告の裁判確定 【従前の記録】 　　【死亡日時】令和元年９月１３日推定午後９時 　　【死亡地】千葉県南房総市沖 　　【報告日】令和元年９月３０日 　　【報告者】千葉海上保安部長 　　【送付を受けた日】令和元年１０月５日 　　【受理者】千葉県南房総市長
	以下余白

発行番号

〔注〕 死亡とみなされた日が死亡報告と異なるが，この場合は，失踪宣告の裁判により死亡と
　　みなされる日が法律上死亡の日とみなされるから，失踪宣告届出による記載をし，死亡報
　　告による記載は職権で消除します。したがって，死亡の日の訂正は要しません（昭和39.7.
　　9民事甲2480号回答）。

234　第7　その他

事例25	失踪宣告の届出によりその旨の記載がされている者について，親族から死亡の届出が事件本人の本籍地の市区町村長にされた場合

死　亡　届

令和 8 年12月18日 届出

東京都千代田区 長 殿

受理	令和 8 年12月18日				
第	2345 号				
書類調査	戸籍記載	記載調査	調査票	附　票	住民票　通　知

(1)	（よみかた）	こう　の　　　　　まつ　お		記入の注意
(2)	氏　　名	氏　甲 野　　名　松 男　☑男　□女		鉛筆や消えやすいインキで書かないでください。
(3)	生 年 月 日	昭和 50 年 1 月 6 日 〔生まれてから30日以内に死亡したときは生まれた時刻も書いてください〕□午前 □午後 時 分		死亡したことを知った日からかぞえて 7 日以内に出してください。
(4)	死亡したとき	令和 8 年 12 月 14 日 ☑午前 □午後 5 時 20 分		
(5)	死亡したところ	千葉市中央区千葉港 10 番地 10号 番		
(6)	住　　所（住民登録をしているところ）	世帯主の氏名		
(7)	本　　籍（外国人のときは国籍だけを書いてください）	東京都千代田区平河町7丁目 30 番地 番筆頭者の氏名 甲 野 義太郎		「筆頭者の氏名」には，戸籍のはじめに記載されている人の氏名を書いてください。
(8)(9)	死亡した人の夫 ま た は 妻	□いる（満　歳）　☑いない（☑未婚 □死別 □離別）		内縁のものはふくまれません。
(10)	死亡したときの世帯のおもな仕事と	□1.農業だけまたは農業とその他の仕事を持っている世帯 □2.自由業・商工業・サービス業等を個人で経営している世帯 □3.企業・個人商店等（官公庁は除く）の常用勤労者世帯で勤め先の従業者数が1人から99人までの世帯（日々または1年未満の契約の雇用者は5） □4.3にあてはまらない常用勤労者世帯及び会社団体の役員の世帯（日々または1年未満の契約の雇用者は5） ☑5.1から4にあてはまらないその他の仕事をしている者のいる世帯 □6.仕事をしている者のいない世帯		□には，あてはまるものに☑のようにしるしをつけてください。
(11)	死亡した人の職業・産業	（国勢調査の年…　年…の4月1日から翌年3月31日までに死亡したときだけ書いてください）職業　　　　　　　　産業		死亡者について書いてください。

その他	事件本人について，令和6年3月15日失踪宣告の裁判確定により同月20日失踪届出による記載がされている。

届出人	☑1.同居の親族 □2.同居していない親族 □3.同居者 □4.家主 □5.地主 □6.家屋管理人 □7.土地管理人 □8.公設所の長 □9.後見人 □10.保佐人 □11.補助人 □12.任意後見人 □13.任意後見受任者
	住　所 東京都千代田区平河町7丁目8番9号
	本　籍 東京都千代田区平河町7丁目30 番地 筆頭者 甲野義太郎 番 の氏名
	署　名（※押印は任意）甲 野 義太郎 ㊞ 昭和 17 年 6 月 7 日生

事件簿番号	

死亡診断書（又は死体検案書）省略

届け出られた事項は，人口動態調査（統計法に基づく基幹統計調査，厚生労働省所管），がん登録等の推進に関する法律に基づく全国がん登録（厚生労働省所管），高齢者の医療の確保に関する法律に基づくレセプト情報・特定健診等情報データベース（厚生労働省所管），感染症の予防及び感染症の患者に対する医療に関する法律に基づく所要の感染症対策（厚生労働省所管）にも用いられます。

〔参考文献〕「改訂設題解説戸籍実務の処理XVIII」241頁以下

◇失踪・死亡者の戸籍

(1の1) | 全 部 事 項 証 明

本　　　籍	東京都千代田区平河町七丁目３０番地
氏　　　名	甲野　義太郎
戸籍事項 　戸籍改製	(省略)

〜〜〜〜〜〜〜〜〜〜〜〜〜〜〜〜〜〜〜〜〜〜〜〜〜〜〜〜〜〜〜〜〜

戸籍に記録されている者 　除　　籍	【名】松男 【生年月日】昭和５０年１月６日 【父】甲野義太郎 【母】甲野梅子 【続柄】二男
身分事項 　　出　　生	(省略)
失踪宣告	【死亡とみなされる日】令和５年１２月１０日 【失踪宣告の裁判確定日】令和６年３月１５日 【届出日】令和６年３月２０日 【届出人】父
死　　亡	【死亡日】令和８年１２月１４日 【死亡時分】午前５時２０分 【死亡地】千葉市中央区 【届出日】令和８年１２月１８日 【届出人】親族　甲野義太郎
	以下余白

発行番号

〔注〕　失踪事項の記載は，失踪宣告取消しの届出（戸94条）に基づいて，消除することになります（昭和29. 2.23民事甲291号通達）。

著者・補訂者　略歴

著　者

荒木　文明（あらき　ふみあき）

昭和55年　東京法務局八王子支局戸籍課戸籍係長

昭和60年　東京法務局民事行政部戸籍課総括係長

平成2年　新潟地方法務局戸籍課長

平成3年　東京法務局民事行政部戸籍課長

平成7年　浦和地方法務局川越支局長

平成9年〜平成23年　東京家庭裁判所参与員

菅　　弘美（すが　ひろみ）

平成7年　秋田地方法務局大館支局長補佐

平成14年　山形地方法務局戸籍課長

平成18年　盛岡地方法務局一関支局長

平成19年　青森地方法務局弘前支局長

平成21年〜平成23年　秋田地方法務局登記相談員

補訂者

根 村 良 和 （ねむら　よしかず）

平成15年　法務省民事局民事第一課補佐官

平成22年　釧路地方法務局長

平成23年　札幌法務局民事行政部長

平成25年　東京法務局総務部長

平成26年　福岡法務局長

平成27年～令和４年　静岡地方法務局所属公証人

令和５年～　日本加除出版株式会社常任顧問

改訂
戸籍のための
Q&A「死亡届」のすべて
届書の記載の仕方及びその解説

2013年10月11日　初版発行
2025年 1月20日　改訂版発行

著　者	荒　木　文　明
	菅　　　弘　美
補訂者	根　村　良　和
発行者	和　田　　　裕

発行所　日本加除出版株式会社
本　社　〒171-8516
　　　　東京都豊島区南長崎3丁目16番6号

組版 ㈱郁文　印刷 ㈱精興社　製本 牧製本印刷㈱

定価はカバー等に表示してあります。
落丁本・乱丁本は当社にてお取替えいたします。
お問合せの他、ご意見・感想等がございましたら、下記まで
お知らせください。

〒171-8516
東京都豊島区南長崎3丁目16番6号
日本加除出版株式会社　営業企画課
電話　　03-3953-5642
FAX　　03-3953-2061
e-mail　toiawase@kajo.co.jp
URL　　www.kajo.co.jp

Ⓒ 2025
Printed in Japan
ISBN978-4-8178-4989-2

JCOPY 〈出版者著作権管理機構 委託出版物〉
　本書を無断で複写複製（電子化を含む）することは、著作権法上の例外を除
き、禁じられています。複写される場合は、そのつど事前に出版者著作権管理
機構（JCOPY）の許諾を得てください。
　また本書を代行業者等の第三者に依頼してスキャンやデジタル化することは、
たとえ個人や家庭内での利用であっても一切認められておりません。

〈JCOPY〉　HP：https://www.jcopy.or.jp，e-mail：info@jcopy.or.jp
　　　　　電話：03-5244-5088，FAX：03-5244-5089

戸籍実務用語ハンドブック
戸籍情報連携対応版
田中寿径 著
2024年5月刊 A5判 336頁 定価3,520円(本体3,200円) 978-4-8178-4949-6

- 初任者からベテランまで使える戸籍実務用語の定番書。1つの用語に対してコンパクトな解説を付した、通読・確認しやすい構成。わかりやすさと正確性とのバランスの取れた記述により、戸籍実務を包括的に理解できる。
- 戸籍謄本の写し等を請求する実務家の関連知識習得にも最適。

戸籍事務初任者のための
戸籍届書の審査の手引き
出生・認知・婚姻・離婚・縁組・離縁・死亡の届書
吉岡誠一 著
2023年10月刊 B5判 164頁 定価2,200円(本体2,000円) 978-4-8178-4915-1

- 出生から死亡までの戸籍届書の要件が一冊で学べる入門書。届書ごとに、概説、届出・審査に必要な知識、添付すべき書類、審査上の留意点、戸籍の処理等について見やすい2色刷で解説。成年年齢の引下げ、戸籍への「氏名の振り仮名」等についても解説。

戸籍の備忘録244問
古関冬樹 著
2023年6月刊 A5判 288頁 定価3,410円(本体3,100円) 978-4-8178-4891-8

- 初任者が悩む「判断に悩む事例」「レアケース」「意外な注意点」などを、読みやすい・親しみやすいQ&A244問で学べる、新しい入門書。
- 各設問の問題設定はシンプルにして「読みやすく」、解説は3コマ漫画を交えながら「親しみやすく」丁寧に説明。

戸籍実務のための孤独死・行旅死亡人・
身寄りのない高齢者等における死亡届の手引き
墓地埋葬法・埋火葬許可に関する解説付き
孤独死等戸籍実務研究会 編
2022年7月刊 B5判 164頁 定価2,420円(本体2,200円) 978-4-8178-4823-9

- 『身寄りのない高齢者の死亡』や『孤独死』の事例を戸籍に反映させるための手続き、身元不明の『行旅死亡人』に関する戸籍法の手続きを解説。
- フローチャートや戸籍・死亡届等の豊富な記載例でわかりやすく説明。
- 関係書類、根拠法令、参考条文を掲載。墓地埋葬法についても収録。

孤独死が起きた時に、孤独死に備える時に
Q&A 孤独死をめぐる法律と実務
遺族、事務手続・対応、相続、孤独死の防止
武内優宏 著
2022年2月刊 A5判 284頁 定価3,520円(本体3,200円) 978-4-8178-4767-6

- 終活の法律相談に多く携わってきた弁護士による、いままでの経験に基づいた実務解説。孤独死の発生(発見)に際して対応を求められる全ての関係者に向け、Q&A形式で必要となる知識や手続、孤独死に備える知識を網羅的に解説。実際の相続の現場で出会う悩ましい出来事などもコラムで紹介。

〒171-8516 東京都豊島区南長崎3丁目16番6号
営業部　TEL (03)3953-5642　FAX (03)3953-2061
www.kajo.co.jp

日本加除出版